Débuts littéraires

D1608602

A Basic Reader

Débuts littéraires

Phyllis Robinove Block

HOLT, RINEHART AND WINSTON
New York   San Francisco   Toronto   London

PERMISSIONS

We wish to thank the authors, publishers, and holders of copyright for their permission to use the reading materials in this book.

Robert Desnos, "Le Pélican" from *Chantefables et Chantefleurs*, Librairie Gründ, by permission of the publisher. (BJ)

Eugène Ionesco, "Agence de voyages" from *Exercices de conversation et de diction françaises pour étudiants américains*, THÉÂTRE V, Éditions Gallimard, by permission of the publisher. (BE)

Jacques Prévert, "Page d'écriture" and "Déjeuner du matin" from *Paroles*, Éditions Gallimard, by permission of the publisher. (BE)

Ulysse Pierre-Louis, "Le Partage de morts entre le bon Dieu et Lucifer," from *Sortilèges afro-haïtiens*, by permission of the author. (BE)

Jules Romains, "Knock, ou le triomphe de la médecine", Éditions Gallimard, by permission of the publisher. (BE)

Yves Thériault, "Le Portrait", from *L'Île introuvable*, Éditions du Jour, by permission of the publisher. (CE)

André Maurois, "Le Retour du prisonnier" from *Le Dîner sous les marronniers*, by permission of Consorts André Maurois, 1977. (EJ)

Camara Laye, "L'Enfant noir", Librairie Plon, by permission of the publisher. (BJ)

Library of Congress Cataloging in Publication Data

Block, Phyllis Robinove
  First-year French: Débuts littéraires

  Includes index.
    1. French language—Readers.   I. Title
II. Title: Débuts littéraires

PC 2117.B55   448'.6'421   76-58856

ISBN   0-03-015011-6

Contents

Preface

First Year French Readings, Débuts littéraires is a beginning reader designed for use in first-year French courses. The purpose of the book is to provide materials to develop reading skills for students at the very earliest stages of language learning. This would correspond to approximately the eleventh lesson in Holt's *First-Year French*.

The materials in *First-Year French Readings, Débuts littéraires* differ from those in a large number of introductory texts since they are not reading selections contrived to illustrate specific points of grammar, but a collection of original writings in French arranged by level of difficulty. We believe that the student should be exposed to the language as it is written and spoken by the native speaker as soon as possible in the first year. To that end we have brought together a collection of selections from outstanding French and French-speaking writers, arranged in order of increasing difficulty and glossed with explanations of difficult words and phrases. The symbol ᐃ indicates an entry in the Literary Index which provides the student with historical background for understanding the French literary scene. Some of the selections have been slightly abridged to put them within the grasp of the first-year student. In order to find materials which could be used at a very early stage in language learning we have made use of folktales, fiction, poetry and theater. Our basic criterion has always been *readability* and *interest*—the majority of the selections have an easily recognizable plot and are short. The student is thus able to read through the selection once quickly for an overview and a second time for detail. A complete French-English vocabulary appears at the end of the book.

The exercises which accompany the selections have been designed to help build reading skills. Basically there are three kinds of exercises: (1) comprehension questions based on the factual content of the selections; (2) exercises for vocabulary development based on a list of important high frequency vocabulary items and idiomatic expressions; and (3) *Votre point de vue* questions which allow the students to express their own opinions.

P.R.B.

Débuts littéraires

1

Robert Desnos (1900–1945) a été inspiré par le surréalisme.[△] Sa poésie se caractérise surtout par la fantaisie et le lyrisme.[△] "Le Pélican" figure dans *Chantefables et Chantefleurs*, un recueil posthume de ses poèmes.

Pendant la Deuxième Guerre Mondiale[△] Desnos a été actif dans la Résistance.[△] Arrêté et imprisonné par la Gestapo,[△] il est mort à Térézin, un camp de concentration en Tchécoslovaquie, quelques jours après la liberation du camp.

VOCABULAIRE À ÉTUDIER

l' **île** (f)   *island*
pondre   *to lay*
l' **œuf** (m)   *egg*
ressembler   *to be like, resemble*
durer   *to last*
pendant   *during*
longtemps   adv. *long, a long while*

Le Pélican

Robert Desnos

Le capitaine Jonathan
Étant° agé de dix-huit ans,   étant *being*
Capture un jour un pélican
Dans une île d'Extrême-Orient.
5 Le pélican de Jonathan
Au matin, pond° un oeuf tout blanc   pond *lays*
Et il en sort un pélican
Lui ressemblant étonnament.

Et ce deuxième pélican
10 Pond, à son tour, un oeuf tout blanc
D'où sort, inévitablement
Un autre qui en fait autant.°   qui en fait autant
                                        which does the same
Cela peut durer pendant très longtemps,
Si l'on ne fait pas d'omelette avant.

Chantefables et Chantefleurs, 1952

EXERCICES

I

Relevez dans le poème les adverbes de la même famille que les mots suivants.

temps   éviter   étonner

II

Refaites les phrases suivantes en employant des mots ou des expressions qui se trouvent dans le poème.

1. Le capitaine Jonathan, qui a dix-huit ans, capture un jour un pélican.
2. Le deuxième pélican lui aussi pond un oeuf tout blanc.
3. Un autre en sort qui fait la même chose.
4. Cela peut continuer pendant très longtemps.

III

Complétez les phrases suivantes.

1. Trois pays de l'Extrême-Orient sont _____, _____, et _____ .
2. Les oiseaux, les poissons, et les insectes _____ des oeufs.
3. Avec des oeufs on peut faire _____ .

IV

Répondez aux questions suivantes.

1. Qui a capturé le pélican?
2. Où l'a-t-il trouvé?
3. De quelle couleur sont les oeufs des pélicans?
4. À qui ressemble le deuxième pélican?
5. Quel mot indique que c'est une grande ressemblance?
6. À la ligne treize que veut dire le mot "cela"?
7. Quels mots dans le poème riment avec pélican? Où est-ce que la plupart de ces rimes sont placées?

V

Votre point de vue

1. Aimez-vous les omelettes? Comment fait-on une omelette?
2. Avez-vous vu un poulet pondre un oeuf? Avez-vous vu un poulet sortir d'un oeuf? Quelle impression est-ce que cela a fait sur vous?
3. Avez-vous vu les oeufs d'un oiseau? De quelle couleur étaient-ils? Où est-ce que vous les avez trouvés?

2

Eugène Ionesco (1912–) est né en Roumanie d'une mère française et d'un père roumain. Il a vécu en France jusqu'à l'âge de treize ans; puis il a achevé ses études en Roumanie. Depuis 1938, il habite en France. En 1970 il a été élu membre de l'Académie Française.[△]

   M. Ionesco est un dramaturge qui cherche l'original. Au début de ses pièces, tout paraît très naturel, mais rien n'est ce qu'il semble et on entre bientôt dans le fantastique et l'absurde. Parmi ses pièces les plus célèbres, on peut citer: *La Cantatrice chauve, La Leçon, Les Chaises* et *Le Rhinocéros.* "Agence de voyages" fait partie d'une série de dialogues intitulée *Exercices de conversation et de diction françaises pour étudiants américains.*

VOCABULAIRE À ÉTUDIER

le **billet** *ticket*
le **chemin de fer** *railroad*
la **couchette** *berth*
le **wagon-restaurant** *dining car*
le **wagon-lit** *sleeping car*
  bondé *filled, booked*
  louer *to rent*
le **permis de conduire** *driver's license*
l' **épaule** (f) *shoulder*

Agence de Voyages

Eugène Ionesco

Personnages

LE CLIENT, L'EMPLOYÉ, LA FEMME

LE CLIENT: Bonjour, monsieur. Je voudrais deux billets de chemin de fer, un pour moi, un pour ma femme qui m'accompagne en voyage.

5 L'EMPLOYÉ: Bien, monsieur. Je peux vous vendre des centaines° et des centaines de billets de chemin de fer. Deuxième classe? Première classe? Couchettes? Je vous réserve deux places au

10 wagon-restaurant?

LE CLIENT: Première classe, oui, et wagons-lits. C'est pour aller à Cannes, par l'express d'après-demain.

L'EMPLOYÉ: Ah... C'est pour Cannes?

15 Voyez-vous, j'aurais pu° facilement vous donner des billets, tant que vous en auriez voulu° pour toutes directions en général. Dès que° vous précisez la destination et la date, ainsi que° le train que

20 vous voulez prendre, cela devient plus compliqué.

LE CLIENT: Vous me surprenez, monsieur. Il y a des trains, en France. Il y en a pour Cannes. Je l'ai déja pris, moi-même.

centaines *hundreds*

j'aurais pu *I could have*

tant que...voulu *as many as you would have wanted*
dès que *once*
ainsi que *as well as*

9

L'EMPLOYÉ: Vous l'avez pris, peut-être, il y a vingt ans, ou trente ans, dans votre jeunesse. Je ne dis pas qu'il n'y a plus de trains, seulement ils sont bondés, il n'y a plus de places.

LE CLIENT: Je peux partir la semaine prochaine.

L'EMPLOYÉ: Tout est pris.

LE CLIENT: Est-ce possible? Dans trois semaines...

L'EMPLOYÉ: Tout est pris.

LE CLIENT: Dans six semaines.

L'EMPLOYÉ: Tout est pris.

LE CLIENT: Tout le monde ne fait donc que d'aller à Nice?°

L'EMPLOYÉ: Pas forcément.°

LE CLIENT: Tant pis.° Donnez-moi alors deux billets pour Bayonne.

L'EMPLOYÉ: Tout est pris, jusqu'à l'année prochaine. Vous voyez bien, monsieur, que tout le monde ne va pas à Nice.

LE CLIENT: Alors, donnez-moi deux places pour le train qui va à Chamonix...

L'EMPLOYÉ: Tout est pris jusqu'en 1980...

LE CLIENT: ... Pour Strasbourg...

L'EMPLOYÉ: C'est pris.

LE CLIENT: Pour Orléans, Lyon, Toulouse, Avignon, Lille...

L'EMPLOYÉ: Tout est pris, pris, pris, dix ans à l'avance.

LE CLIENT: Alors, donnez-moi deux billets d'avion.

L'EMPLOYÉ: Je n'ai plus aucune place pour aucun avion.

LE CLIENT: Puis-je louer, dans ce cas, une voiture avec ou sans chauffeur?

Tout...Nice? *It seems as if everyone is going to Nice*
pas forcément *not necessarily*
tant pis *never mind*

L'EMPLOYÉ: Tous les permis de conduire sont annulés,° afin que° les routes ne soient° pas encombrées.

LE CLIENT: Que l'on me prête deux
5 chevaux.

L'EMPLOYÉ: Il n'y a plus de chevaux. (Il n'y en a plus.)

LE CLIENT: *à sa femme*: Veux-tu que nous allions° à pied, jusqu'à Nice?

10 LA FEMME: Oui, cheri. Quand je serai fatiguée tu me prendras sur tes épaules. Et vice versa.

LE CLIENT, *à l'employé*: Donnez-nous, monsieur, deux billets pour aller à pied
15 jusqu'à Nice.

L'EMPLOYÉ: Entendez-vous ce bruit? Oh, la terre tremble. Au milieu du pays un lac immense, une mer intérieure vient de se former (d'apparaître, de surgir).
20 Profitez-en vite, dépêchez-vous avant que d'autres voyageurs n'y pensent. Je vous propose une cabine de deux places sur le premier bateau qui va à Nice.

annulés *canceled*
afin que *so that*
soient *are*

veux-tu...allions *do you want us to go*

Exercices de conversation et de diction françaises pour étudiants américains, Théâtre V, 1974

EXERCICES

I

Complétez la phrase suivante.

S'il prend le train et voyage en première classe, il peut dormir dans _____ et prendre ses repas au _____ .

II

Relevez dans le texte d'autres mots de la même famille que les mots suivants.

voyage	cent
agent	coucher
	jeune

III

Refaites les phrases suivantes en remplaçant les mots en italique par les mots indiqués.

1. Il n'a plus aucune place pour aucun *avion*.
   bateau/wagon-lit/express à Avignon
2. Il n'y a plus de *bateaux*.
   voitures/chevaux/couchettes
3. Une mer intérieure vient de *se former*.
   surgir/(d') apparaître
4. Profitez-en *maintenant*.
   aujourd'hui/vite/tout de suite

IV

Répondez aux questions suivantes.

1. Où se passe la scène?
2. Quelle est la destination du client?
3. Quand a-t-il l'intention de partir?
4. Pourquoi l'employé ne peut-il pas lui vendre un billet pour ce jour-là?
5. Qu'est-ce qui rend l'affaire très compliquée?
6. Pourquoi ne peut-il leur vendre aucun bullet de chemin de fer?
7. Quels autres moyens de transport le client suggère-t-il?
8. Qu'est-ce que l'employé répond à ses suggestions?
9. Enfin, comment le client décide-t-il d'aller à Nice?
10. Quelle est la réaction de sa femme?
11. Pourquoi l'employé leur propose-t-il d'aller à Nice en bateau?

V

Votre point de vue

1. Quand vous partez en vacances, par quel moyen de transport voyagez-vous?
2. Où préférez-vous passer les vacances?
3. À quel moment dans le dialogue reconnaissez-vous que c'est une parodie? Qu'est-ce qui vous l'indique?

3

Jacques Prévert (1900–) a quitté l'école à l'âge de quinze ans et a fait
écrivait les dialogues pour Marcel Carné, un des plus grands auteurs de
ter les surréalistes.△ Il a écrit des poèmes et des pièces pour un groupe
théâtrale. Jusqu'en 1945 il était surtout connu comme scénariste et
écrivait les dialogues pour Marcel Carné, un des plus grands auteurs de
films de cette époque.

En 1946 on a publié la première édition de *Paroles*, un recueil de ses
poèmes, où "Page d'écriture" a figuré. Reproduit dans de nombreuses
éditions, ce recueil a eu un succès immédiat.

Prévert traite des thèmes familiers en employant le langage de tous
les jours, le langage parlé. Son style simple et direct se caractérise par
la répétition et l'emploi d'images successives et souvent inattendues.
On y voit l'influence de la technique du cinéma. Sur quels sujets écrit-
il? Il est contre la guerre et contre l'injustice. Il est pour l'amour et les
beautés de la nature et, avant tout, il est pour le bonheur et la liberté.

VOCABULAIRE À ÉTUDIER

l' **écriture** (f) *writing*
le **maître** *primary school teacher*
l' **oiseau-lyre** (m) *lyrebird*
le **ciel** *sky*
   cacher *to hide*
le **pupitre** *desk*
la **chanson** *song*
s' **écrouler** *to crumble*
la **vitre** *windowpane*
la **craie** *chalk*
la **falaise** *cliff*

Page d'écriture

Jacques Prévert

Deux et deux quatre
quatre et quatre huit
huit et huit font seize...
Répétez! dit le maître
Deux et deux quatre
quatre et quatre huit
huit et huit font seize.
Mais voilà l'oiseau-lyre
qui passe dans le ciel
l'enfant le voit
l'enfant l'entend
l'enfant l'appelle:
Sauve-moi
joue avec moi
oiseau!
Alors l'oiseau descend
et joue avec l'enfant
Deux et deux quatre...
Répétez! dit le maître
et l'enfant joue
l'oiseau joue avec lui...
Quatre et quatre huit
huit et huit font seize
et seize et seize qu'est-ce qu'ils font?°
Ils ne font rien° seize et seize
et surtout pas trente-deux

qu'est-ce ... font? *what do they equal? what do they do?*
ils ... rien *they equal nothing, they aren't doing anything*

de toute façon°
et ils s'en vont.°
Et l'enfant a caché l'oiseau
dans son pupitre
5 et tous les enfants
entendent sa chanson
et tous les enfants
entendent la musique
et huit et huit à leur tour° s'en vont
10 et quatre et quatre et deux et deux
à leur tour fichent° le camp
et un et un ne font ni une ni deux
un à un s'en vont également.°
Et l'oiseau-lyre joue
15 et l'enfant chante
et le professeur crie:
Quand vous aurez fini de faire le pitre!°
Mais tous les autres enfants
écoutent la musique
20 et les murs de la classe
s'écroulent tranquillement.
Et les vitres redeviennent sable°
l'encre redevient eau
les pupitres redeviennent arbres
25 la craie redevient falaise
le porte-plume° redevient oiseau.

Paroles, 1946

de toute façon *in any event*

ils s'en vont *they go away*

à . . . tour *in turn*

fichent le camp *go away, disappear*

également *also*

quand . . . pitre *when you've stopped clowning*

sable *sand*

porte-plume *penholder* (plume *also means feather*)

EXERCICES

I

Refaites ces problèmes en français et donnez les réponses correctes.

$$8 + 8 = \qquad 3 + 5 =$$
$$2 + 6 = \qquad 16 + 16 =$$
$$4 + 4 = \qquad 18 + 14 =$$

II

Relevez dans le poème les mots de la même famille que les mots suivants.

chanter   devenir
tranquille   égal
           porter

III

Complétez les phrases suivantes.

1. On écrit au tableau avec _____ .
2. L'enfant a mis sa plume dans _____ sur son _____ .
3. La personne qui enseigne aux enfants dans une école s'appelle

   _____ .
4. En levant les yeux on peut voir les oiseaux qui passent dans _____ .

IV

Répondez aux questions suivantes.

1. Où se passe la scène?
2. Qu'est-ce que le maître essaie d'enseigner?
3. Quel âge ont ses élèves? Comment le savez-vous?
4. Qu'est-ce que l'enfant dit à l'oiseau?
5. De quoi veut-il être sauvé?
6. Comment les autres enfants savent-ils qu'il y a un oiseau dans la classe?
7. Où est l'oiseau?
8. À quoi pensent les élèves?
9. Quel effet la chanson de l'oiseau produit-elle sur les élèves? sur leur maître?

V

Votre point de vue

1. Pourquoi l'enfant appelle-t-il l'oiseau?
2. Est-ce que le maître le voit et l'entend aussi? Expliquez votre réponse.
3. Quand vous êtes en classe, à quoi pensez-vous? Comprenez-vous l'attitude des enfants de ce poème?
4. Expliquez les cinq dernières lignes du poème.

4

"Déjeuner du matin" est un des poèmes le plus connu de **Jacques Pré-vert.**[1] Il a été publié en 1946, dans la première édition de *Paroles*, un recueil de sa poésie.

[1] Pour une biographie de Jacques Prévert, voir le Chapitre 3.

VOCABULAIRE À ÉTUDIER

la **tasse** *cup*
le **lait** *milk*
le **sucre** *sugar*
la **cuiller** *spoon*
    allumer *to light*
le **rond** *circle*
la **fumée** *smoke*
les **cendres** (f) *ashes*
le **cendrier** *ashtray*
la **pluie** *rain*
la **parole** *word*

Déjeuner du matin

Jacques Prévert

Il a mis° le café
Dans la tasse
Il a mis le lait
Dans la tasse de café
5   Il a mis le sucre
Dans le café au lait°
Avec la petite cuiller
Il a tourné
Il a bu° le café au lait
10   Et il a reposé° la tasse
Sans me parler
Il a allumé
Une cigarette
Il a fait des ronds°
15   Avec la fumée
Il a mis les cendres
Dans le cendrier
Sans me parler
Sans me regarder
20   Il s'est levé
Il a mis
Son chapeau sur sa tête
Il a mis
Son manteau de pluie
25   Parce qu'il pleuvait°
Et il est parti
Sous la pluie

il a mis *he put*

café au lait *coffee with hot milk*

il a bu *he drank*

il a reposé *he put (the cup) down again*

il a fait des ronds *he blew (smoke) rings*

il pleuvait *it was raining*

Sans une parole
Sans me regarder
Et moi j'ai pris
Ma tête dans ma main
5 Et j'ai pleuré.

Paroles, 1946

EXERCICES

I

Donnez les participes passés des infinitifs suivants.

prendre	faire
pleurer	finir
cacher	poser
mettre	boire
lever	partir

II

Complétez les phrases suivantes.

1. On met les cendres dans _____ .
2. Il tourne le café avec _____ .
3. En France on boit souvent du _____ le matin.
4. Il y a des gens qui savent faire _____ avec la fumée d'une cigarette.
5. Quand il pleut, on met _____ .

III

Relevez dans le poème les mots de la même famille que les mots suivants.

cendrier	pleuvoir
fumer	sucrier
	poser

IV

Répondez aux questions suivantes.

1. Où se passe la scène?
2. Quelle partie de la journée est-ce?
3. Quel temps fait-il?
4. Combien y a-t-il de personnages?
5. Comment le poète nous indique-t-il que l'homme n'est pas pressé?
6. Pourquoi continue-t-il de rester à table?
7. Qui a pleuré? Pourquoi?

V

Votre point de vue

1. À votre avis pourquoi ces deux personnages ne se parlent-ils pas?
2. Quel effet le temps produit-il sur les émotions de ces personnages? Comment vous sentez-vous quand il fait mauvais?
3. Imaginez la rentrée de l'homme le soir et décrivez-le. (Va-t-il rentrer? Est-ce que le dîner sera prêt? Va-t-il parler? Va-t-elle lui parler?)

5

"Renard et Chantecler" est une des épisodes du *Roman de Renard*, une collection de narrations en vers du XIIe siècle. C'est une fantaisie, qui montre l'influence des fables grecques et romanes et de la tradition orale. Les aventures du loup et du renard étaient populaires dans le Nord de la France. Un clerc flamand les a racontées en vers latins; ensuite d'autres clercs et poètes les ont amplifiées et remaniées. Cet extrait a été adapté de l'ancien français.

Au Moyen Âge les seigneurs possédaient les terres. Les serfs (paysans) qui cultivaient la terre étaient obligés de leur payer des taxes très lourdes. Dans ce régime féodal, le serf avait peu de liberté personnelle et était vendu et donné avec la terre sur laquelle il vivait.

Les personnages principaux du *Roman de Renard* sont des animaux. Chaque animal devient une personne avec un nom, une famille et une vie qui se modèle sur la société de l'époque. À travers leurs aventures on fait la parodie de la vie et des institutions féodales, de la noblesse, de l'Église, du clergé, et des paysans.

Les poètes présentent le conflit éternel entre la ruse et la force, entre le faible et le fort, entre les riches et les pauvres. Ce n'est pas toujours le plus fort qui triomphe.

VOCABULAIRE À ÉTUDIER

le **renard**   *fox*
le **museau**   *snout*
le **poil**   *fur*
la **queue**   *tail*
 jouer un tour (à)   *to play a joke (on)*
 voler   *to steal*
le **poulet**   *chicken*
le **poulailler**   *chicken coop*
le **coq**   *rooster*
 percher   *to perch*
 mentir   *to lie*
 égaler   *to equal*
l' **aile** (f)   *wing*
 poursuivre   *to chase*
 tromper   *to deceive*
le **loup**   *wolf*
la **gueule**   *mouth (of an animal)*
s' **envoler**   *to fly away*

Renard et Chantecler

Il y a très longtemps, vivait maître
Renard avec sa femme, dame Hermeline,
et ses deux jolis renardeaux,° Malebranche   renardeaux *cubs*
et Percehaie. Renard avait le museau fin,°   fin *sharp and small*
5   le poil roux,° la queue longue, et les yeux   roux *reddish*
mobiles. Il était connu° dans son pays   connu *known*
pour sa prudence, ses ruses, et sa façon
de jouer de mauvais tours à ses amis ainsi
qu'à ses ennemis.
10   Un jour Renard et sa famille se sen-
tent découragés en voyant qu'ils n'ont
plus rien à manger. Après un long silence
Renard dit enfin: "Je vais essayer de vo-
ler un poulet," et il se dirige vers° un pou-   se dirige vers *goes in*
15   lailler voisin qui appartient à un paysan   *the direction of*
aisé.° Il voit le coq Chantecler perché sur   paysan aisé *well-to-do*
un tonneau° et lui dit: "Chantecler,   *farmer*
vous vous rappelez que mon père et le   tonneau *barrel*
vôtre étaient frères et qu'ils s'aimaient
20   tendrement? Que nous étions tous déso-
lés quand mon pauvre oncle, Chanteclin,
est mort, et que nous avons pleuré, dame
Hermeline et moi. Quelle perte!° Depuis   perte *loss*
ce jour, on ne chante plus aussi douce-
25   ment que lui. Hélas, on n'entendra plus
jamais chanter comme Chanteclin!"

À ces paroles, Chantecler se vexe et

pousse des cocoricos° éclatants.° "Eh bien, qu'en dites-vous maintenant, cousin Renard?"

"Je m'excuse, cousin Chantecler, mais
5 cela ne peut pas se comparer. Quand mon oncle chantait, on pouvait l'entendre à deux lieues° au moins. Il faisait l'admiration de tous les autres coqs, qui cessaient de chanter et s'émerveillaient
10 devant cette voix splendide. Tout de même, vous avez une belle voix. Essayez seulement de faire comme Chanteclin. Fermez les yeux quand vous chantez."

"Vous êtes sûr que c'est ce qu'il fai-
15 sait?"

"J'en suis sûr. Est-ce que je vous mentirais?"

Chantecler est jaloux de son oncle et veut essayer de l'égaler. Il suit les con-
20 seils° de son cousin Renard, ferme les yeux et ouvre le bec. À ce moment, Renard le saisit par l'aile, l'emporte et court chez lui. "Quel bon repas pour ma famille!" pense-t-il.

25 Mais les servants qui s'occupent du poulailler ont vu ce qui s'est passé et poursuivent Renard, en criant: "À mort, à mort."

Le pauvre Chantecler reconnaît que
30 Renard l'a trompé et il hurle:° "Traître! Personne ne doit avoir confiance en vos paroles flatteuses! . . . Mais, écoutez, mon cousin, je n'aime pas ces gens qui vous poursuivent. Ils sont cruels. Si vous
35 voulez vous sauver la vie, criez à haute voix, "Pendant que vous courez après moi, mon ami le loup est en train de manger vos provisions et vos poulets."

cocoricos *cockadoo-dledoos*
éclatants *brilliant*

lieue *league (about 4 kilometers)*

conseils *advice*

hurle *yells*

Renard prend plaisir à se moquer de° ses ennemis. Il ouvre sa gueule toute grande pour crier. Le coq en profite pour s'envoler et se perche sur une haute
5 branche d'où il lance des cocoricos moqueurs.

se moquer de *to taunt, make fun of*

Renard comprend alors que cette fois c'est Chantecler qui lui a joué un tour. Il rentre tristement chez lui tandis que
10 Chantecler retourne triomphant au poulailler.

Roman de Renard, XIIe siècle

EXERCICES

I

Complétez les phrases suivantes.

1. Un oiseau ouvre _____ pour chanter.
2. Le renard ouvre _____ pour manger le poulet.
3. Les petits d'un renard s'appellent _____ .
4. On garde les poulets dans _____ .
5. Le chant d'un coq s'appelle _____ .

II

Relevez dans le texte les mots de la même famille que les mots suivants.

moquer	doux
prudent	triste
jalousie	flatter
courage	merveilleux
poulet	

III

Relevez dans la colonne B les antonymes des mots ou expressions de la colonne A.

A	B
tromper	parler doucement
l'ami	la mort
heureux	jouer un mauvais tour
dire la vérité	crier à haute voix
la vie	mentir
hurler	désolé
	l'ennemi

IV

Remplacez les mots en italique par les mots ou expressions indiqués.

1. Le renard est en train de manger *le poulet*.
   le coq/les provisions/le poisson/l'oiseau/le lapin
2. Renard en profite pour *emporter le coq*.
   saisir son aile/voler un poulet/tromper le paysan/jouer un mauvais tour à ses ennemis

V

Répondez aux questions suivantes.

1. Qui sont Malebranche et Percehaie?
2. Quelle était la réputation de Renard?
3. Pourquoi Renard décide-t-il de voler un poulet?
4. Qui est Chantecler?
5. Où habite Chantecler?
6. Qui était Chanteclin?
7. Pourquoi Renard dit-il que la mort de Chanteclin était une grand perte?
8. Pourquoi Chantecler était-il jaloux de Chanteclin?
9. Expliquez pourquoi Renard a dit au coq de fermer les yeux avant de chanter.

10. Qu'est-ce qui est arrivé à Chantecler quand il a commencé à chanter?

11. Comment Chantecler a-t-il trompé Renard?

VI

Votre point de vue

1. À votre avis est-ce que les plus forts gagnent toujours (souvent)? Expliquez votre réponse.
2. Quand faut-il flatter les gens?
3. Imaginez une situation dans laquelle Renard rentre chez lui triomphant.

6

Ulysse **Pierre-Louis** (1925–) est un publiciste et professeur de littérature haïtienne et de littérature française. Comme d'autres écrivains et
poètes haïtiens de sa génération il est fier de ses origines africaines, de la
culture indigène de son pays, et de la langue créole parlée en Haïti. (Le
créole est une langue mixte formée de français, d'espagnol, de portugais,
et de mots indigènes.)

"Partage de morts entre le bon Dieu et Lucifer" est une vieille légende haïtienne. Les Haïtiens sont les descendants des esclaves africains
déportés depuis le XVIe siècle. Haïti a été disputée entre la France et
l'Espagne avant de gagner son indépendance au début du XIXe siècle.

L'auteur dit que les contes et légendes haïtiens ont toujours exercé
une fascination sur lui. Il a voulu préserver d'une génération à l'autre la
richesse des traditions orales et folkloriques de son pays. En transpo-
sant ces légendes du créole en français, il a essayé de conserver leur sub-
stance sans rien modifier ni inventer et sans hésiter d'employer des
expressions et des images créoles. "Partage de morts entre le bon Dieu
et Lucifer", adapté pour ce manuel, figure dans son recueil *Sortilèges
afro-haïtiens*.

VOCABULAIRE À ÉTUDIER

le **partage** *division, sharing*

le **mort** *dead person, corpse*

le **cimetière** *cemetery*

s' **aventurer** *to venture*

le **mendiant** *beggar*

s' **attarder** *to linger*

le **manguier** *mango tree*

enjamber *to climb over*

donner vers *to lean towards*

la **mangue** *mango*

mûr *ripe*

se **partager** *to divide*

dehors *outside*

les **environs** (m) *neighborhood*

s' **empresser** *to hasten*

la **nouvelle** *news*

Partage de morts
entre le bon Dieu et Lucifer

Ulysse Pierre-Louis

C'était au temps du vieux Port-au-Prince.° Le bon vieux temps, disent certains.

Du côté du cimetière, il faisait déjà noir à six heures du soir. Personne ne s'aventurait par là à partir de cette heure, car on racontait mille histoires de zombis et de loups-garous.°

Un soir, deux mendiants très sales et faméliques° se sont attardés sous le manguier qui se trouvait près du cimetière. Ils mangeaient à ventre déboutonné,° il est vrai, mais ils n'étaient pas encore satisfaits.

Ils décident d'un commun accord d'enjamber le mur du cimetière pour continuer à manger, car le manguier qui portait les plus beaux fruits donnait vers le cimetière dont une partie était pavée de mangues mûres et, sans doute, appétissantes.

Nos mendiants ne demandaient pas mieux.° Pour partager les mangues impartialement, ils en prenaient à tour de rôle° en disant à haute voix: " Moins prend youn,° moins prend youn . . . "

Port-au-Prince *capital of Haiti*

loups-garous *werewolves*

faméliques *starving*

ils...déboutonné *they gorged themselves* (ventre *stomach*)

ne...mieux *couldn't be happier*
à...rôle *each in turn*
moins . . . youn *I take one*

37

Pourtant, ils n'oubliaient pas qu'ils avaient laissé° dehors deux belles mangues. En sortant, chacun en prendrait° une. Le partage était laborieux et leurs voix faisaient un bruit terrible au cimetière.

À ce moment, quelqu'un qui habitait dans ces environs passait par le cimetière. Les paroles mystérieuses qu'il entendait l'intriguaient. "Moins prend youn, moins prend youn, moins prend youn . . . " Et le passant a conclu:° "Pas de doute, c'est le bon Dieu et Lucifer° qui se partagent les morts."°

Il s'est empressé donc d'aller apprendre l'étonnante nouvelle à un ami, qui a voulu entendre de ses propres oreilles et voir de ses yeux. "C'est inouï,° le bon Dieu et Lucifer se partagent les morts."

Les deux amis se sont approchés donc du mur du cimetière sur la pointe des pieds.° Le bruit étrange continuait. "Moins prend youn, moins prend youn, moins prend youn . . . "

Tout à coup° les voix se sont tues.° Le partage s'est terminé. Mais, un des mendiants, se rappelant les deux mangues laissées dehors, a déclaré, "*Deux* ça qui dehors yo, youn pou ou, youn pou moin."°

En entendant ces paroles les deux curieux croyaient leur vie en danger et ils ont détalé à toutes jambes.°

Le lendemain, tous les habitants des environs du cimetière annonçaient à tout le monde la surprenante nouvelle: "Le bon Dieu et Lucifer se partagent les morts au cimetière."

ils avaient laissé *they had left*
prendrait *would take*

conclu *concluded*
Lucifer *Satan*
les morts *the dead (the passerby thought youn meant* âme *soul)*

inouï *extraordinary*

sur . . . pieds *on tiptoe*

tout à coup *suddenly*
se sont tues *grew silent*

Deux . . . moin *Of the two outside, one is for you and one for me*

détalé . . . jambes *ran off as fast as possible*

Chez nous, trop souvent, c'est ainsi que
s'écrit l'Histoire.

Sortilèges afro-haïtiens, 1961

EXERCICES

I

Relevez dans le texte les adjectifs qui ont la même racine que les mots suivants

étonner	appétit
mystère	étranger
	surprendre

II

Refaites les phrases suivantes en remplaçant les expressions en italique par une des expressions suivantes.

de ses propres oreilles	facile
à toutes jambes	c'est inouï
tout à coup	à tour de rôle
laborieux	du côté de

1. *Soudainement* ils ont entendu un grand bruit *près du* cimetière.
2. Ils avaient tellement pour qu'ils ont couru *aussi vite que possible*.
3. En entendant parler du vol à la lune, le vieillard a dit: *"C'est incroyable!"*
4. C'est un travail *très difficile*.
5. Il a voulu entendre l'annonce *lui-même*.

III

A. *Relevez les parties du corps qui sont mentionnées dans le texte. Puis, trouvez les expressions qui emploient ces termes et faites des phrases.*

B. *Quels mots ou expressions est-ce que l'auteur emploie pour donner l'impression de vitesse?*

IV

Répondez aux questions suivantes.

1. De quel pays vient cette légende?
2. Pourquoi personne n'allait-il au cimetière le soir?
3. Pourquoi donc les deux mendiants y sont-ils allés?
4. Que faisaient-ils au cimetière?
5. Comment partageaient-ils les fruits?
6. Qui est passé par là pendant qu'ils mangeaient?
7. En écoutant parler les mendiants que pensait le passant?
8. Qu'est-ce qu'il a raconté à son ami?
9. Qu'est-ce que les mendiants ont fait en sortant du cimetière?
10. Savaient-ils qu'il y avait des gens qui les écoutaient?
11. D'après les deux curieux qu'est-ce que les mendiants avaient l'intention de faire? Qu'est-ce qui leur donnait cette impression?

V

Votre point de vue

1. Imaginez ce que les deux curieux ont raconté à leurs amis en rentrant chez eux.
2. Avez-vous peur de passer par un cimetière? Pourquoi? (ou pourquoi pas?)
3. Êtes-vous superstitieux (superstitieuse)?
4. Que veut dire la dernière phrase de la légende que vous venez de lire?

7

Yves Thériault, conteur, romancier et essayiste, est né à Québec en 1916. Il a rédigé de nombreux programmes pour la radio et la télévision avant de se consacrer à sa carrière d'écrivain. C'est un auteur prolifique. Ses oeuvres, qui connaissent un grand succès au Canada, ont été également traduites en plusieurs langues.

M. Thériault a trouvé l'inspiration pour ses meilleurs romans, *Agaguk* et *Ashini*, dans la vie des Esquimaux et des Indiens. Il dépeint leur solitude et leur frustration devant la civilisation moderne qui envahit leurs domaines ancestraux. M. Thériault n'appartient pas à une école littéraire; chaque oeuvre est une expérience nouvelle. "Le Portrait" fait partie d'un de ses recueils de contes, *L'Île introuvable*.

VOCABULAIRE À ÉTUDIER

le **grenier** *attic*

le **cadre** *frame*

fané *faded*

peindre *to paint*

descendre *to bring down*

s' **évanouir** *to faint*

n' **empêche que** *nevertheless, in any event*

pendre *to hang*

le **pinceau** *paintbrush*

la **teinte** *color, tone*

s' **éveiller** *to wake up*

l' **oreiller** (m) *pillow*

avoir la bougeotte *to be restless*

s' **enfuir** *to run away*

enterrer *to bury*

le **testament** *last will*

la **lueur** *gleam*

le **crépuscule** *twilight*

rêver *to dream*

tiède *warm*

le **bien-être** *well-being*

Le Portrait

Yves Thériault

J'ai trouvé le portrait dans le grenier,
un matin de juin. J'y étais à quérir° des
pots pour les confitures° de fraises, puisque nous étions au temps de l'année pour
5 ces choses.

quérir *to look for*
confitures *jam*

    Le portrait était derrière un bahut.°
J'ai vu la dorure° du cadre. Fanée, noir-
cie. J'ai tiré à moi, et voilà que c'était le
portrait.

bahut *chest*
dorure *gilt*

10   Celui d'un homme jeune, aux cheveux
bruns, à la bouche agréable, et des yeux
qui me regardaient. Des grands yeux
noirs, vivants . . .

    J'ai descendu le portrait dans la cuisine.

15   — Voilà, mère, c'était au grenier.

    Elle regarda° le portrait d'un air sur-
pris.

elle regarda *she looked at*

    — Nous avions donc ça ici, ma fille?
Tiens, tiens . . .

20   J'ai demandé:

    — Qui est l'homme? Parce que c'est
un bel homme. Il est vêtu à la mode an-
cienne, mais c'est un magnifique gail-
lard° . . .

gaillard *fellow*

25   — Ton oncle, dit-elle, le frère de ton
père. Le portrait a été peint alors qu'il
était jeune.

— Quel oncle?

Je ne me connaissais qu'une vague
tante, pâle, anémique, dolente° qui vivait
à la ville et venait s'évanouir chez nous
5 une fois l'an. Elle arrivait, portait un
mouchoir à son nez, murmurait quelques
mots au sujet des odeurs de la campagne,
puis s'évanouissait. Au bout de la troisième fois, elle repartait pour la ville. C'é-
10 tait, à ma connaissance, la seule parente°
de mon père.

Je l'ai dit à ma mère.

— Je ne me connais point d'oncle . . .

— C'était le plus jeune frère de ton
15 père. Ils étaient quatre. Trois garçons,
une fille. Il ne reste que ton père et ta
tante Valérienne.

— Les autres sont morts?

Elle fit° oui de la tête.

20 — Même celui-là? dis-je, même ce bel
oncle-là?

— Oui.

Cela n'était pas honnête° d'être si beau
et d'être mort. Il me venait des bouf-
25 fées° de colère. On ne fait pas mourir du
beau monde comme ça, on attend un peu.

— N'empêche que j'avais un bel oncle . . . Dommage qu'il soit mort° . . .

Ma mère me regardait curieusement.

30 — Hélène, tu dis de drôles de choses . . .

Mais je n'écoutais pas ma mère. Je re-
gardais le portrait. Maintenant, à la lumière plus crue° de la cuisine, le portrait
me paraissait encore plus beau, encore
35 mieux fait . . . Et j'aimais bien les cou-
leurs.

— Je le pends dans ma chambre, dis-
je . . .

dolente *complaining*

parente *(female) relative*

elle fit *she indicated*

honnête *fair, just*

bouffées *outbursts*

il soit mort *he is dead*

lumière crue *broad daylight*

— Comme tu voudras, dit ma mère, aujourd'hui, ça n'a plus d'importance.

La remarque n'était pas bien claire, et j'ai voulu savoir.

— Vous ne trouvez pas que c'est d'en dire beaucoup, et bien peu, mère?

— Peut-être. De celui-là, mieux vaut en dire le moins possible . . .

— Comment se nommait-il?

— Tout simplement Jean . . .

— Et qu'est-ce qu'il faisait, demandai-je° qu'est-ce qu'il faisait dans la vie?

— Mais ma mère secoua° la tête.

— Pends, dit-elle, ce portrait où tu voudras . . . Ça n'a plus d' importance, mais si tu veux un bon conseil, ne dis rien, ne cherche à rien savoir. Et surtout, ne parle de rien à ton père.

Au fond, ça m'importait peu. J'aimais le coup de pinceau° de l'artiste. J'aimais sa façon de tracer, de poser la couleur, j'aimais les teintes chaudes . . . Je trouvais l'oncle bien beau, et bien jeune . . . Mais ça n'était pas si important que je doive encourir d'inutiles colères. Et quelque chose me disait, quelque chose dans le ton de la voix de ma mère, dans la détermination de son visage, que mon père n'aimerait pas du tout que j'aborde° le sujet de son frère Jean.

J'ai pendu le portrait au mur de ma chambre.

Je l'ai regardé chaque matin en m'éveillant, et chaque soir avant de souffler° la lampe.

Et puis, au bout de deux semaines, une nuit, j'ai senti que quelqu'un me touchait l'épaule.

demandai-je *I asked*
secoua *shook*

coup de pinceau *brush stroke*

j'aborde *I broach*

souffler *blow out*

Je me suis éveillée en sursaut, j'ai allumé ma lampe de chevet.° J'avais des sueurs froides le long du corps . . . Mais il n'y avait personne dans ma chambre.

lampe de chevet
bedside lamp

5 Machinalement, j'ai regardé le portrait, et en le voyant j'ai crié, je crois, pas fort, mais assez tout de même, et je me suis enfoui la tête sous l'oreiller.

Dans le portrait, l'oncle Jean, très ha-
10 bilement rendu, regardait droit devant lui . . . Mais lorsque je me suis éveillée, j'ai vu qu'à cette heure-là de la nuit, il se permettait de regarder ailleurs.° En fait il regardait vers la fenêtre. Il regar-
15 dait dehors . . .

ailleurs elsewhere

Le matin, je n'ai rien dit. Rien dit non plus les jours suivants, même si, chaque nuit, quelqu'un . . . ou quelque chose m'éveillait en me touchant l'épaule.
20 Et même si chaque nuit, l'oncle Jean regardait par la fenêtre . . .

Naturellement, je me demandais bien ce que ça voulait dire. Plusieurs fois je me suis pincée, très fort, pour être bien
25 sûre que je ne dormais pas.

Chose certaine, j'étais bien éveillée.

Et quelque chose se passait . . . Mais quoi?

Au sixième matin . . . vous voyez
30 comme je suis patiente . . . j'ai voulu tout savoir de maman.

— L'oncle Jean, qui est-il? Qu'est-ce qu'il faisait? Pourquoi ne faut-il pas en parler devant papa, de cet oncle?

35 — Tu as toujours le portrait dans ta chambre? dit ma mère.

— Oui.

Elle continua° à vaquer à° ses occupations pendant quelques minutes, puis elle vint° s'asseoir devant moi, à la table.

— Ma fille, me dit-elle, il y a des choses
5 qui sont difficiles à dire. Moi, ton oncle Jean, je l'aimais bien, je le trouvais charmant. Et ça mettait ton père dans tous les états° quand j'osais dire de telles choses.

10 Je lui ai demandé:

— Mais pourquoi, mère?

Parce que ton oncle Jean, c'était une sorte de mouton° noir dans la famille . . . Il a eu des aventures, je t'épargne les dé-
15 tails. Surtout, il avait la bougeotte. Il s'est enfui jeune de la maison, on ne l'a revu que plus tard . . . Puis il est reparti. Un jour, ton père a reçu une lettre. Ton oncle Jean s'était fait tuer, stupidement,
20 dans un accident aux États-Unis. On a fait transporter sa dépouille° ici, pour être enterrée dans le lot familial au cimetière. Il n'aurait pas dû°. . . mais . . .

— Pourquoi? ai-je demandé, pourquoi
25 n'aurait-il pas dû?

— Parce que, dans un testament déniché° par la suite dans les effets de Jean, celui-ci exigeait d'être enterré n'importe où, mais pas dans le lot familial . . . Il di-
30 sait dans cet écrit qu'il n'avait aucunement le désir de reposer aux côtés de la paisible et sédentaire famille. Il avait un autre mot pour eux . . . pas très gentil.

Moi, je croyais comprendre, mainte-
35 nant.

— Est-ce que papa l'a fait transporter ailleurs?

elle continua *she continued*
vaquer à *to attend to*
elle vint *she came*

mettre . . . états *upset*

mouton *sheep*

dépouille *remains, corpse*

il n'aurait pas dû *he shouldn't have*

déniché *unearthed*

— Euh . . . non . . . question des dé-
penses que ça signifiait . . . Jean n'a rien
laissé, il est mort pauvre.

Ce soir-là, j'ai mieux dormi. J'ai été
5 éveillée vers quatre heures, et toute la
scène d'habitude s'est répétée.

— Soit,° ai-je déclaré au portrait de
l'oncle Jean . . . Demain, je vais y voir.

Et le lendemain matin, j'ai pris le por-
10 trait, et je l'ai porté dehors, derrière la
remise.° Je l'ai appuyé la, face au soleil
levant.

Plusieurs fois dans la journée, je suis
allée voir. L'oncle Jean regardait en face,
15 mais j'ai cru voir comme une lueur amu-
sée dans ses yeux. Je me suis dit que je
n'avais pas remarqué ce sourire auparavant . . .

Au crépuscule, le portrait était encore
20 là . . .

Durant la nuit, je fus° éveillée de nouveau. Seulement, au lieu d'une main discrète sur mon épaule, ce fut° un très gentil baiser sur la joue qui m'éveilla.°

25 Et je vous jure que pendant les quatre
ou cinq secondes entre le sommeil profond et l'éveil complet, durant cette
espèce de douce transition j'ai fort bien
senti des lèvres tièdes sur ma joue.

30 N'allez pas croire surtout qu'une jeune
fille va se méprendre° là-dessus. À force
d'en rêver au lèvres tièdes, on vient tout
de même à en reconnaître le toucher!

35 Je me suis rendormie paisiblement.
J'avais comme une sensation de bien-être.

Au matin, le portrait n'était plus à sa
place.

J'ai demandé à papa s'il l'avait pris, et

soit *so be it*

remise *shed*

je fus *I was*

ce fut *it was*
qui m'éveilla *which awakened me*

se méprendre *to be mistaken*

m'a dit que non. Maman n'y avait pas
touché. Mes petits frères non plus.

Le portrait avait disparu. Et moi j'é-
tais convaincue que sa disparition coïnci-
5 dait avec le baiser de reconnaissance si
bien donné au cours de la nuit.

Vous voulez une explication? Je n'en
ai pas. La chose est arrivée. Elle s'est
passée comme ça. Ça peut être une suite
10 de rêves. Freud° aurait une explication,
je suppose . . . N'empêche que les faits
sont là. Un portrait est disparu, et
l'oncle Jean regardait. Pour un homme
qui avait toujours eu la bougeotte, c'était
15 tout de même assez significatif . . .

Freud *Sigmund Freud,
founder of psycho-
analysis*

L'Île introuvable, 1968

EXERCICES

I

A. *Donnez les adverbes qui ont la même racine que les mots suivants.*

nature   complet
machinal   curiosité
paix   aucun

B. *Donnez trois mots de la même famille que* connaître.

II

*Complétez les phrases suivantes en employant un mot de la même fa-
mille que celui entre parenthèses.*

1. La dorure du cadre était _____ . (noir)

2. Il _____ de la maison quand il était encore très jeune. (fuir)
3. Quand il revenait, il ne restait pas longtemps car il avait _____ . (bouger)
4. On l'avait _____ dans le lot _____ au cimetière. (terre; famille)
5. Elle s'est _____ en sursaut en sentant son baiser. (éveiller)
6. C'était un baiser de _____ . (reconnaître)
7. Elle a mis le portrait au soleil _____ . (lever)

III

Relevez dans la colonne B les antonymes des mots de la colonne A.

A	B
allumer	s'enfuir
rapporter	couchant
lentement	souffler
dedans	mort
ici	dehors
le sommeil	en sursaut
levant	auparavant
depuis	ailleurs
rester	l'éveil
vivant	trouver
quérir	s'endormir

IV

Répondez aux questions suivantes.

1. Quels mots et expressions est-ce que l'auteur emploie pour décrire le sujet du portrait et la technique de l'artiste?
2. De quelles parties du corps parle-t-il?

V

Répondez aux questions suivantes.

1. Pourquoi la jeune fille est-elle montée au grenier?
2. Où a-t-elle trouvé le portrait?

3. Est-ce qu'elle l'avait jamais vu auparavant?
4. Quel conseil est-ce que sa mère lui donne?
5. Quelle impression est-ce que le portrait lui donnait de son oncle?
6. Qui est tante Valérienne?
7. Que voulait dire la mère en remarquant que l'oncle Jean "était une sorte de mouton noir dans la famille"?
8. Pourquoi la jeune fille n'avait-elle jamais connu son oncle?
9. Qu'est-ce qui l'a éveillée au cours de plusieurs nuits?
10. Avait-elle peur?
11. En regardant le portrait pendant la nuit, qu'a-t-elle remarqué?
12. Pourquoi a-t-elle décidé de porter le portrait dehors?
13. Qu'est-ce qu'elle a cru sentir cette nuit là?
14. Pourquoi avait-elle une sensation de bien-être en se rendormant?
15. Au matin, qu'a-t-elle découvert?
16. À son avis, qu'est-ce qui est arrivé au portrait?

VI

Votre point de vue

1. Y a-t-il quelqu'un dans votre famille dont on ne parle pas? Pourquoi? Avez-vous jamais connu cette personne?
2. À votre avis est-ce que cette histoire du portrait est vraisemble, où est-elle une suite de rêves? Comment expliqueriez-vous la disparition du portrait?
3. Imaginez une conversation cette nuit entre le père et la mère à propos de la disparition du portrait.

8

Jules Romains (1885—1972), pseudonyme de Louis Farigoule, a écrit des poèmes, des contes, et des pièces de théâtre au cours de sa longue carrière. Il est surtout connu pour son roman-fleuve *Les Hommes de bonne volonté* qui a 27 volumes et qui retrace la vie sociale, politique, et économique de l'époque 1908 à 1933.

Pendant la Deuxième Guerre Mondiale,ᐃ Romains a vécu aux États-Unis. En 1946 il a été élu à l'Académie Française.ᐃ Il était également Grand Officier de la Légion d'Honneur.ᐃ

Parmis ses pièces *Knock, ou le triomphe de la médecine* (1923), est une des plus célèbres. Le docteur Knock est le successeur du docteur Parpalaid qui, au cours de vingt-cinq ans à Saint-Maurice, voyaient peu de clients réguliers. Knock explique que les gens doivent acquérir "l'esprit médical" et reconnaître qu'ils sont déjà malades, même s'ils l'ignorent. Au début de l'Acte II, Knock annonce qu'il va donner des consultations gratuites chaque lundi matin. Il encourage le pharmacien et l'instituteur d'exercer leur influence sur les habitants. Dans la scène 4 il reçoit son premier consultant.

Toujours poli, Knock effraie ses clients avec son jargon scientifique. Il les persuade de se soigner et de le consulter régulièrement. Ses traitements sont souvent longs et coûteux. Au bout de trois mois le pharmacien est plus occupé que jamais et le docteur Knock a réussi à faire fortune et à gagner le respect de tous les habitants du canton.

VOCABULAIRE À ÉTUDIER

      respirer *to breathe*
l' **avarice** (f) *stinginess*
      prévenir *to advise*
      gratuit *free*
la **vache** *cow*
le **boeuf** *ox*
le **taureau** *bull*
la **chèvre** *goat*
le **cochon** *pig*
la **basse-cour** *barnyard*
      domestique *servant*
se **soigner** *to take care of*
la **langue** *tongue*
      tousser *to cough*
l' **échelle** (f) *ladder*
      percuter *to examine by thumping*
le **dos** *back*
les **reins** (m pl) *kidneys*
      ausculter *to listen to (the chest)*
le **mètre** *meter (39.37 in.)*
      guérir *to get well*
      coûteux *expensive*
le **veau** *calf*
le **pèlerinage** *pilgrimage*
      glisser *to slip*
l' **ordonnance** (f) *prescription*
se **passer de** *to do without*
      ordonner *to prescribe*

Knock, ou le triomphe de la médecine

Jules Romains

KNOCK, LA DAME EN NOIR

Elle a quarante-cinq ans et respire l'avarice paysanne° et la constipation.

KNOCK. — Ah! voici les consultants. (*À la cantonade*).° Une douzaine, déjà? Prévenez les nouveaux arrivants qu'après onze heures et demie je ne puis plus recevoir personne, au moins en consultation gratuite. C'est vous qui êtes la première, madame? (*Il fait entrer la dame en noir et referme la porte.*) Vous êtes bien du canton?

LA DAME EN NOIR. — Je suis de la commune.

KNOCK. — De Saint-Maurice même?

LA DAME. — J'habite la grande ferme qui est sur la route de Luchère.

KNOCK. — Elle vous appartient?

LA DAME. — Oui, à mon mari et à moi.

KNOCK. — Si vous l'exploitez° vous-même, vous devez avoir beaucoup de travail?

paysanne *country woman*

à la cantonade *speaking to someone offstage*

exploitez *cultivate*

LA DAME. — Pensez! monsieur, dix-
huit vaches, deux bœufs, deux taureaux,
la jument° et le poulain,° six chèvres, une   jument *mare*
bonne douzaine de cochons, sans comp-   poulain *colt*
5 ter la basse-cour.

KNOCK. — Diable! Vous n'avez pas
de domestiques?

LA DAME. — Dame si. Trois valets,°   valets *farmhands*
une servante, et les journaliers° dans la   journaliers *dayworkers*
10 belle saison.

KNOCK. — Je vous plains. Il ne doit
guère vous rester de temps pour vous
soigner?

LA DAME. — Oh! non.

15 KNOCK. — Et pourtant vous souffrez.

LA DAME. — Ce n'est pas le mot. J'ai
plutôt de la fatigue.

KNOCK. — Oui, vous appelez ça fatigue. (*Il s'approche d'elle.*) Tirez la lan-
20 gue. Vous ne devez pas avoir beaucoup
d'appétit.

LA DAME. — Non.

KNOCK. — Vous êtes constipée.

LA DAME. — Oui, assez.

25 KNOCK, *il l'ausculte.* — Baissez° la   baissez *lower*
tête. Respirez. Toussez. Vous n'êtes ja-
mais tombée d'une échelle, étant petite?

LA DAME. — Je ne me souviens pas.

KNOCK, *il lui palpe° et lui percute le*   palpe *palpates*
30 *dos, lui presse brusquement les reins.* —
Vous n'avez jamais mal ici le soir en vous
couchant? Une espèce de courbature?

LA DAME. — Oui, des fois.

KNOCK, *il continue de l'ausculter.* —
35 Essayez de vous rappeler. Ça devait
être une grande échelle.

LA DAME. — Ça se peut bien.

KNOCK, *très affirmatif.* — C'était une

échelle d'environ trois mètres cinquante, posée contre un mur. Vous êtes tombée à la renverse. C'est la fesse° gauche heureusement qui a porté.

fesse *buttock*

5   *LA DAME.* – Ah oui!

KNOCK. – Vous aviez déjà consulté le docteur Parpalaid?

LA DAME. – Non, jamais.

KNOCK. – Pourquoi?

10   *LA DAME.* – Il ne donnait pas de consultations gratuites.

    Un silence.

KNOCK, la fait asseoir. – Vous vous rendez compte de votre état?

15   *LA DAME.* – Non.

KNOCK, il s'assied en face d'elle. – Tant mieux. Vous avez envie de guérir, ou vous n'avez pas envie?

LA DAME. – J'ai envie.

20   *KNOCK.* – J'aime mieux vous prévenir tout de suite que ce sera très long et très coûteux.

LA DAME. – Ah! mon Dieu! Et pourquoi ça?

25   *KNOCK.* – Parce qu'on ne guérit pas en cinq minutes un mal qu'on traîne depuis quarante ans.

LA DAME. – Depuis quarante ans?

KNOCK. – Oui, depuis que vous êtes

30 tombée de votre échelle.

LA DAME. – Et combien est-ce que ça me coûterait?

KNOCK. – Qu'est-ce que valent les veaux, actuellement?°

actuellement *currently*

35   *LA DAME.* – Ça dépend des marchés° et de la grosseur. Mais on ne peut guère en avoir de propres° à moins de quatre ou cinq cents francs.

marchés *markets*

propres *fine quality*

KNOCK. − Et les cochons gras?

LA DAME. − Il y en a qui font plus de mille.

KNOCK. − Eh bien! ça vous coûtera
5 à peu près deux cochons et deux veaux.

LA DAME. − Ah! là là! Près de trois mille francs? C'est une désolation, Jésus Marie!

KNOCK. − Si vous aimez mieux faire
10 un pèlerinage, je ne vous en empêche pas.

LA DAME. − Oh! un pèlerinage, ça revient cher aussi et ça ne réussit pas souvent. (*Un silence.*) Mais qu'est-ce que je peux donc avoir de si terrible que ça?

15 KNOCK, *avec une grande courtoisie.* − Je vais vous l'expliquer en une minute au tableau noir. (*Il va tableau et commence un croquis.*)° Voici votre moelle épinière,° en coupe, très schéma-
20 tiquement, n'est-ce pas? Vous reconnaissez ici votre faisceau° de Türck et ici votre colonne de Clarke. Vous me suivez? Eh bien! quand vous êtes tombée de l'échelle, votre Türck et votre Clarke ont
25 glissé en sens inverse° (*il trace des flèches de direction*) de quelques dixièmes de millimètres. Vous me direz que c'est très peu. Évidemment. Mais c'est très mal placé. Et puis vous avez ici un tiraille-
30 ment° continu qui exerce sur les multipolaires.

Il s'essuie° les doigts.

LA DAME. − Mon Dieu! Mon Dieu!

KNOCK. − Remarquez que vous ne
35 mourrez pas du jour au lendemain. Vous pouvez attendre.

LA DAME. − Oh! là là! J'ai bien eu du malheur de tomber de cette échelle!

croquis *sketch*

moelle épinière *spinal cord*

faisceau *bundle (of nerves)*

en sens inverse *in the opposite direction*

tiraillement *pulling*

s'essuie *wipes*

KNOCK. – Je me demande même s'il ne vaut pas mieux laisser les choses comme elles sont. L' argent est si dur à gagner. Tandis que les années de vieil-
5 lesse, on en a toujours bien assez. Pour le plaisir qu'elles donnent!

LA DAME. – Et en faisant ça plus . . . grossièrement,° vous ne pourriez pas me guérir à moins cher? . . . à condition que
10 ce soit bien fait tout de même.

grossièrement *bluntly*

KNOCK. – Ce que je puis vous proposer, c'est de vous mettre en observa-
tion. Ça ne vous coûtera presque rien. Au bout de quelques jours vous vous
15 rendrez compte par vous-même de la tournure que prendra le mal, et vous vous déciderez.

LA DAME. – Oui, c'est ça.

KNOCK. – Bien. Vous allez rentrer
20 chez vous. Vous êtes venue en voiture?

LA DAME. – Non, à pied.

KNOCK, *tandis qu'il redige l'ordon-
nance, assis à sa table*. – Il faudra° tâcher de trouver une voiture. Vous vous cou-
25 cherez en arrivant. Une chambre où vous serez seule, autant que possible. Faites fermer les volets° et les rideaux° pour que la lumière ne vous gêne pas. Défendez qu'on vous parle. Aucune ali-
30 mentation solide pendant une semaine. Un verre d'eau de Vichy° toutes les deux heures, et, à la rigueur, une moitié° de biscuit, matin et soir, trempée° dans un doigt de lait. Mais j'aimerais autant que
35 vous vous passiez de biscuit. Vous ne direz pas que je vous ordonne des remè-
des coûteux! À la fin de la semaine, nous verrons comment vous vous sentez.

il faudra *you will have to*

volets *shutters*
rideaux *curtains*

eau de Vichy *carbon-
ated mineral water*
moitié *half*
biscuit *plain cracker*
trempé *dipped*

Si vous êtes gaillarde,° si vos forces et
votre gaité sont revenues, c'est que le
mal est moins sérieux qu'on ne pouvait
croire, et je serai le premier à vous ras-
5 surer. Si, au contraire, vous éprouvez
une faiblesse générale, des lourdeurs de
tête, et une certaine paresse à vous lever,
l'hésitation ne sera plus permise, et nous
commencerons le traitement. C'est con-
10 venu?°

    LA DAME, soupirant. — Comme vous
voudrez.

    Knock, désignant l'ordonnance. — Je
rappelle mes prescriptions sur ce bout de
15 papier. Et j'irai vous voir bientôt. (*Il lui
remet l'ordonnance et la reconduit.*° *À
la cantonade*.) Mariette, aidez madame à
descendre l'escalier et à trouver une voiture.

20   *On aperçoit quelques visages de consultants que la sortie de la dame en noir
frappe de crainte et de respect.*

Knock, ou le triomphe de la médecine, Acte II,
Scène IV, 1923

> gaillarde *lively*

> convenu *decided, agreed*

> la reconduit *shows her out*

EXERCICES

I

Donnez le féminin des adjectifs suivants.

grossier	premier
heureux	actuel
coûteux	général

II

Relevez dans le texte les noms de la même famille que les adjectifs suivants.

paresseux	vieil
lourd	gros
faible	

III

Donnez les infinitifs des verbes suivants.

voudrez	direz
serez	mourrez
irez	pourrez
coûterez	verrez

IV

Refaites les phrases suivantes en remplaçant les mots en italique par les mots ou expressions indiqués.

1. Il faudra se passer de *café*.
   vin/biscuit/lait/viande
2. Il vaut mieux *consulter le docteur*.
   laisser les choses comme elles sont/suivre ses conseils/ouvrir les volets/commencer le traitement
3. A-t-elle envie de *rester au lit?*
   vendre une vache/faire un pèlerinage/prendre une voiture/guérir
4. Elle ne se rend pas compte de *son état*.
   la grosseur de ce cochon/ce qui lui est arrivé/ce qu'il lui ordonne/la valeur des veaux

V

Répondez aux questions suivantes.

1. Pouquoi y a-t-il tant de monde chez le docteur?
2. Quel genre de travail la dame en noir fait-elle?

3. De quoi se plaint-elle?
4. Comment le docteur explique-t-il sa maladie?
5. Combien la dame devra-t-elle payer au docteur pour la guérir?
6. Comment calcule-t-il cette somme?
7. Qu'est-ce que c'est qu'un pèlerinage?
8. Pourquoi la dame n'accepte-t-elle pas cette suggestion?
9. Qu'est-ce que le docteur lui propose enfin?
10. Qu'est-ce qu'elle doit faire pendant une semaine?
11. Pourquoi le docteur lui propose-t-il ce régime?
12. Qu'est-ce qu'elle doit faire à la fin de la semaine?

VI

Votre point de vue

1. Si elle suit le régime que le docteur lui a prescrit, est-ce que la dame reprendra ses forces? Expliquez votre réponse.
2. Quelle impression le docteur Knock fait-il sur vous? Justifiez votre réponse.
3. Quelle est votre attitude envers le médecin que vous consultez?

9

André Maurois, pseudonyme d'Émile Herzog (1885–1967), ne figure pas parmi les écrivains d'avant-garde de son époque, mais c'est un auteur du premier rang. La clarté de son style, l'agrément de sa narration et son intelligence lui ont attiré un vaste public en France ainsi qu'à l'étranger.

Après avoir achevé ses études, Maurois a dirigé l'usine de textiles de son père. Pendant la Première Guerre Mondiale,△ il a servi comme officier-interprète auprès des forces britanniques.

Il a renoncé à l'industrie pour consacrer sa vie à écrire, non seulement des romans, mais aussi des biographies, des essais, et des études historiques et littéraires. Il est surtout connu pour ses biographies romancées de personnages littéraires et historiques comme, par exemple, Shelley, Disraeli, George Sand, et Victor Hugo. En 1939 Maurois a été élu à l'Académie Française.△ Il a passé la Deuxième Guerre Mondiale△ aux États-Unis.

Maurois excelle aussi dans le conte et la nouvelle. "Le Retour du prisonnier" est tiré du recueil *Le Dîner sous les marronniers*.

VOCABULAIRE À ÉTUDIER

se **passer**   *to take place*
ramener   *to bring back*
épuisé   *exhausted*
la **reprise**   *resumption*
semblable   *much the same*
inquiet   *worried*
maigre   *thin*
originaire   *native*
le **portefeuille**   *wallet*
moindre   *least*
le **métier**   *occupation, trade*
l' **avis** (m)   *notice*
le **convoi**   *convoy*
prévenir   *to inform*
le **rosier**   *rosebush*
avertir   *to warn*
la **conduite**   *behavior, conduct*
la **veille**   *day before*
proche   *nearby*
le **couvert**   *table setting*
appuyer   *to lean against*
effrayé   *frightened*

Le Retour du prisonnier

André Maurois

Cette histoire est une histoire vraie.
Elle s'est passée en 1945,° dans un village
de France que nous appellerons Chardeuil, bien que ce ne soit pas° son nom
5 réel, que nous ne pouvons donner, pour
des raisons évidentes. Elle commence
dans un train qui ramène d'Allemagne
des prisonniers français. Ils sont douze
dans un compartiment de dix, affreuse-
10 ment serrés,° épuisés de fatigue, mais ex-
cités et heureux parce qu'ils savent
qu'enfin, après cinq ans d'absence, ils
vont revoir leur pays, leur maison, leur
famille.

15 Pour presque tous, l'image qui, pendant ce voyage, domine leur pensée, c'est
celle d'une femme. Tous pensent à elle
avec amour, avec espoir, quelques-uns
avec anxiété. La retrouveront-ils sem-
20 blable, fidèle? Qui aura-t-elle vu, qu'aura-t-elle fait pendant cette longue solitude? La reprise de la vie en commun
sera-t-elle possible? Ceux qui ont des
enfants sont les moins inquiets. Leur
25 femme a dû surtout s'occuper° de ceux-ci°
et leur présence, leur gaieté rendront
faciles les premiers jours.

en 1945 *World War II ended in 1945*

bien ... pas *although it is not*

affreusement serrés *terribly packed in*

a dû ... s'occuper de *must have been busy with*
ceux-ci *the latter*

Dans un coin du compartiment est assis un homme grand, maigre, dont le visage passionné, les yeux brillants de fièvre sont plus espagnols que français.
5 Il se nomme Renaud Leymarie et il est originaire de Chardeuil, en Périgord.° Tandis que le train roule dans la nuit [. . .] il parle avec son voisin:

— Tu es marié, toi, Saturnin?

10 — Bien sûr que je suis marié . . . Deux ans avant la guerre, deux gosses° . . . Elle s'appelle Marthe; tu veux la voir?

Saturnin [. . .] tire de sa poche intérieure un portefeuille usé, graisseux,° et
15 montre fièrement une photographie déchirée.°

— Elle est rudement° bien, dit Leymarie. Et tu n'es pas inquiet de ce retour?

— Inquiet? . . . Je suis fou de joie.
20 Pourquoi inquiet?

— Parce qu'elle est jolie, parce qu'elle était seule, parce qu'il y a tant d'autres hommes . . .

— Tu me fais rire! Il n'y a jamais eu
25 d'autres hommes pour Marthe . . . On a toujours été heureux ensemble . . . Et si je te montrais les lettres qu'elle m'écrit depuis cinq ans . . .

— Oh! les lettres! Ça ne prouve
30 rien . . . Moi aussi, j'ai reçu de belles lettres . . . Et pourtant *je suis* inquiet. [. . .] C'est une question de nature, mon vieux . . . Je suis de ceux qui ne peuvent jamais croire au bonheur.
35 [. . .] Te représentes-tu ce que c'est que d'être seule, cinq ans? . . . C'est pas son pays,° Chardeuil, c'est le mien. Elle n'y a pas de famille. Alors la tentation a dû être forte.

Périgord *region in southwestern France*

gosses *children*

graisseux *greasy*

déchirée *torn*
rudement *very*

pays *native region*

— Tu me fais rire, que je te dis! Tu as l'esprit mal fait° . . . Et puis, suppose même qu'il y ait eu° quelque chose . . . Qu'est-ce que ça fait, si elle l'a oublié? Si c'est toi seul qui comptes? . . . Tiens, moi, vois-tu on me dirait que Marthe . . . Eh bien! je répondrais: « Pas un mot de plus! . . . Elle est ma femme; c'était la guerre; elle était seule; maintenant c'est la paix . . . On repart à zéro. »°

— Je ne suis pas comme ça, dit Leymarie. Si j'apprenais, au retour, qu'il y a eu la moindre chose . . .

— Qu'est-ce que tu ferais? Tu la tuerais? T'es tout de même pas cinglé?° . . .

— Non, je ne lui ferais rien. Pas même un reproche. Mais je disparaîtrais. J'irais vivre ailleurs, sous un faux nom. Je lui laisserais l'argent, la maison . . . J'ai besoin de rien, j'ai un métier . . . Je me referais une vie . . . C'est peut-être idiot, mais je suis comme ça: tout ou rien . . . [. . .]

Le Maire de Chardeuil était l'instituteur° du village. C'était un brave° homme, paternel et prudent. Quand il reçut° du Ministère, un matin, l'avis annonçant le retour, pour le 20 Août, de Renaud Leymarie, qui faisait partie d'un convoi dirigé sur le Sud-Ouest, il décida° d'aller lui-même prévenir° la femme. Il la trouva° qui travaillait à son jardin: c'était le plus charmant du village avec ses rosiers grimpants° des deux côtés de la porte.

— Je sais bien, Madame Leymarie, que vous n'êtes pas de ces femmes qu'il faut avertir du retour de leur mari, pour leur épargner° une surprise dangereuse . . .

Tu . . . fait *you always look on the dark side*
qu'il . . . eu *that there had been*

On . . . zéro *we'll start all over again*

cinglé *crazy*

instituteur *school-teacher*
brave *fine*
il reçut *he received*

il décida *he decided*
prévenir *to inform*
il trouva *he found*

grimpants *climbing*

épargner *to spare*

Non, et même, si vous me permettez de
le dire, votre conduite, votre réserve ont
fait ici l'admiration de tout le monde . . .
[. . .]
5   — Vous dites le 20? À quelle heure
pensez-vous qu'il soit là?
    — Le Ministère dit: « *Le convoi quit-*
tera Paris à vingt-trois heures ». Ces
trains-là marchent lentement . . . Il faut
10 qu'il descende à la gare de Thiviers, ce
qui lui fait encore quatre kilomètres à
pied. Il pourrait être ici, au plus tôt,
vers midi.
    — Je vous assure qu'il aura un déjeuner
15 soigné,° Monsieur le Maire . . . et je suis   soigné *especially fine*
certaine que vous comprendrez que je ne
vous invite pas à le partager . . . Mais je
vous suis bien reconnaissante de votre vi-
site.
20   — Tout le monde à Chardeuil vous
aime, Madame Leymarie . . . Vous n'êtes
pas d'ici, c'est vrai, mais on vous a adop-
tée.

25   Le 20 au matin, Hélène Leymarie se
leva° à six heures. Elle n'avait pas dormi.   se leva *got up*
La veille, elle avait fait la toilette° de   elle . . . toilette *she*
toute la maison. [. . .] Puis elle était   *had cleaned*
allée chez Martial, le coiffeur de Char-
30 deuil, se faire onduler.° [. . .] Quelle   se faire onduler *to have*
robe mettrait-elle? [. . .] Elle mettrait   *her hair done*
une robe noire qu'elle s'était taillée° elle-
même et qu'elle égaierait° par un col et   taillée *made*
une ceinture de couleur.   égaierait *would*
                                                brighten
35   Avant de préparer le déjeuner, elle se
rappela° tout ce qu'il aimait . . . Dans   elle se rappela *she*
cette France de 1945, tant de choses   *recalled*
manquaient . . . Un dessert au choco-

lat? . . . Oui, c'était ce qu'il préférait, mais il n'y avait pas de chocolat . . . Heureusement, elle possédait quelques œufs frais grâce à sa petite basse-cour,° et il

°basse-cour *barnyard*

5 disait toujours qu'elle faisait les omelettes mieux que personne . . . [. . .]

Elle avait un poulet, tué l'avant-veille; elle le fit rôtir.° Puis comme une voisine affirmait que dans la petite ville la

°elle le fit rôtir *she roasted it*

10 plus proche, un épicier vendait du chocolat « sous le comptoir », elle décida d'aller en chercher.

« En partant à huit heures, je peux être rentrée à neuf . . . Je préparerai tout

15 avant de partir, de sorte qu'au retour, je n'aurai plus qu'à m'occuper de la cuisine. »

Bien que très émue, elle était merveilleusement gaie. Il faisait si beau. Jamais

20 le soleil matinal, sur la vallée, n'avait été plus brillant. En chantant, elle commença° de mettre le couvert. [. . .]

°elle commença *began*

Elle composa° un bouquet tricolore: [. . .] Puis, avant de quitter la maison,

°elle composa *she made*

25 appuyée sur sa bicyclette, elle regarda° longuement, par la fenêtre ouverte, la petite salle. Oui, vraiment, tout semblait parfait. Après tant de malheurs, Renaud serait surpris sans doute de retrouver sa

°elle regarda *looked at*

30 maison et sa femme peu changée . . . [. . .]

« Allons! » se dit-elle,° « il faut y aller . . . Quelle heure? Déjà neuf heures, Seigneur! . . . Tout cela m'a pris plus de

°se dit-elle *she said to herself*

35 temps que je ne pensais . . . Mais le Maire a dit que le convoi arriverait vers midi . . . Je serai là bien avant. »

La petite maison des Leymarie était

isolée et se trouvait tout au bout du village, de sorte que personne ne vit° un soldat maigre, aux yeux ardents, se glisser° dans le jardin. Il resta° là un instant, ébloui° par la lumière et le bonheur, enivré° par la beauté des fleurs, écoutant le murmure des abeilles.° Puis il appela° doucement:

— Hélène!

Personne ne répondit.° Il appela plusieurs fois:

— Hélène! ... Hélène! ...

Effrayé par le silence, il s'approcha° et, par la fenêtre, il vit° la table préparée pour deux, les fleurs, la bouteille de mousseux.° Il eut° comme un coup au cœur et dut° s'appuyer au mur:

« Dieu! pensa-t-il° ... Elle ne vit° pas seule! »

Quand Hélène revint,° une heure plus tard, une voisine lui dit:

— Je l'ai vu, vot'° Renaud; il courait sur la route; j'ai appelé, mais il s'est point seulement retourné.°

— Il courait? ... Mais dans quelle direction?

— Vers Thiviers.

Elle bondit° chez le Maire, qui ne savait rien.

— J'ai peur, Monsieur le Maire ... J'ai grand'peur ... Renaud, avec son air dur, est un homme jaloux, sensible ... Il a vu deux couverts ... Il n'a pas dû comprendre° que c'était *lui* que j'attendais ...
Il faut le retrouver tout de suite, Monsieur le Maire ... Il faut ... Il serait capable° de ne plus revenir ... Et je l'aime tant!

vit *saw*
se glisser *slip*
il resta *remained*
ébloui *dazzled*
enivré *excited*

abeilles *bees*
il appela *he called*

personne ne répondit
no one answered

il s'approcha *he came closer*
il vit *he saw*

mousseux *sparkling wine*
il eut *he had*
dut *had to*
pensa-t-il *he thought*
elle vit *is living*
revint *returned*

vot' *your* (votre)

il ... retourné *he didn't even turn around*

bondit *dashed*

il ... comprendre *he must not have understood*

Le Maire envoya° un cycliste à la gare de Thiviers, alerta° les gendarmes, mais Leymarie (Renaud) avait disparu. Hélène resta° toute la nuit près de la table où les fleurs, par la grande chaleur, se fanaient° déjà. Elle ne mangea° rien.

Un jour passa,° puis une semaine, puis un mois.

Il y a maintenant plus de deux ans depuis ce jour tragique et elle n'a jamais entendu parler de son mari. J'écris cette histoire dans l'espoir qu'il la lira, et reviendra.

envoya *sent*
alerta *alerted*

resta *remained*
fanaient *were wilting*
elle mangea *she ate*
passa *passed*

Le Dîner sous les marronniers, 1951

EXERCICES

I

Formez des adverbes à partir des adjectifs suivants.

heureux   seul
fier   doux
affreux   long
rude   merveilleux

II

Employez quatre des verbes suivants dans des phrases pour montrer la force du préfixe re-.

revoir   repartir
refaire   retrouver
revenir

II

Complétez les phrases suivantes en employant un mot de la même famille que celui entre parenthèses.

1. Est-ce que la _____ de la vie en commun sera possible? (reprendre)
2. Il est _____ de Rouen. (origine)
3. Elle était bien _____ de sa lettre. (reconnaître)
4. Dans la petite ville la plus _____ on pouvait acheter du sucre. (approcher)
5. Elle aura le temps de préparer un repas _____ . (soin)

III

Relevez dans le texte les phrases qui indiquent:

1. que les soldats étaient extrêmement fatigués mais qu'ils ne dormaient pas
2. que Leymarie est entré doucement dans le jardin
3. que Saturnin avait regardé mille fois la photographie de sa femme
4. qu'il faisait très beau le matin et qu'il y avait beaucoup de soleil
5. que les prisonniers pensaient surtout à une femme
6. que Renaud s'étonnait de voir la table préparée pour deux

IV

Répondez à la question suivante.

A. Quelles expressions emploie Maurois pour indiquer au lecteur les émotions des prisonniers?
B. Employez trois de ces expressions dans des phrases.

V

Répondez aux questions suivantes.

1. À quelle époque se passe cette histoire?
2. D'où vient le train?
3. Quelle image domine la pensée de ces hommes?
4. Pourquoi ceux qui ont des enfants sont-ils moins inquiets que les autres?

5. Pourquoi Leymarie admet-il qu'il est inquiet, lui aussi?
6. Quelle est la différence d'attitude entre Saturnin et Leymarie envers leurs femmes?
7. Comment est-ce qu'Hélène Leymarie apprend la nouvelle du retour de son mari?
8. Quelle est la réputation d'Hélène au village?
9. Pourquoi a-t-elle quitté la maison de bonne heure le matin de l'arrivée de son mari? Pourquoi ne l'a-t-elle pas attendu?
10. Pourquoi Hélène n'était-elle pas encore rentrée quand son mari est arrivé?
11. Comment a-t-elle appris que son mari était arrivé avant son retour?
12. Pourquoi Leymarie est-il parti sans attendre sa femme?
13. Qu'a-t-on fait pour le retrouver?

VI

Votre point de vue

1. Comment est-ce que Maurois indique au lecteur la nature de Leymarie pour préparer le dénouement de l'histoire?
2. Imaginez le retour de Saturnin dans sa famille et décrivez-le.
3. Connaissez-vous quelqu'un qui est rentré après une longue absence? Qu'a-t-il (elle) trouvé à son retour?

10

Camara Laye (1928–) est considéré comme un des meilleurs écrivains africains d'expression française. Il est né à Kouroussa, en Guinée, qui faisait partie autrefois (de 1895 à 1958) de l'Afrique occidentale française. Sa famille était musulmane malinkée. Les Malinkés appartiennent à un groupe ethnique de l'intérieur de Guinée. Ils ont joué un rôle important dans l'ancien Empire du Mali. Son père, qu'il admirait énormément, était un forgeron et un habile ciseleur d'or.

Dans son premier roman, *L'Enfant noir*, Camara Laye évoque avec affection son enfance et sa jeunesse, sa famille, et les traditions religieuses et culturelles de son pays et de son village. Tout comme le jeune étudiant de son histoire, Laye a fait ses études à l'école coranique à Kouroussa. Ensuite il a passé quatre ans comme boursier au collège technique de Conakry, la capitale de la Guinée. Il est sorti premier de sa promotion et ingénieur en aéronautique. Dans cet extrait, tiré du dernier chapitre du roman, le jeune homme quitte son pays natal pour continuer ses études en France.

À Paris, Laye étudiait le soir et travaillait le jour pour gagner sa vie. Il a commencé à écrire ces souvenirs de sa jeunesse quand il était seul dans sa chambre d'étudiant pauvre. Quand il est rentré en Afrique quelques années plus tard, il était déjà un écrivain renommé. Il a reconnu que la vie telle qu'il l'avait connue n'existait plus et que le portrait qu'il

avait tracé de son pays natal "ne serait pas celui de la Guinée de demain."
Son destin à lui est dans l'exil.

VOCABULAIRE À ÉTUDIER

      gonflé *bursting*
      chaleureux *warm*
se **réjouir** *to rejoice*
      achever *to complete*
s' **écrier** *to cry out*
la **bourse** *scholarship*
les **frais** (m) *expenses*
      broyer *to grind*
le **pilon** *pestle*
      ingrat *ungrateful*
      serrer *to hold tight*
l' **engrenage** (m) *gears of a machine*
la **roue** *wheel*
      sangloter *to sob*

L'Enfant noir

Camara Laye

L'année où je regagnai° Kouroussa,°
mon certificat d'aptitude professionnelle°
dans ma poche et, j'en fais l'aveu,° un
peu bien gonflé de mon succès, je fus°
5 évidemment reçu à bras ouverts; reçu
comme je l'étais à chaque fin d'année
scolaire à vrai dire: avec les mêmes transports,° la même chaleureuse affection;
[. . .] tandis que mes parents me pres-
10 saient sur leur cœur, tandis que ma mère
se réjouissait peut-être plus de mon retour que du diplôme conquis,° je n'avais
pas trop bonne conscience, et spécialement vis-à-vis de ma mère.

15 C'est qu'avant mon départ de Conakry,° le directeur de l'école m'avait fait
appeler et m'avait demandé si je voulais
aller en France pour y achever mes études.
J'avais répondu oui d'emblée° — tout
20 content, j'avais répondu oui! — mais je
l'avais dit sans consulter mes parents,
sans consulter ma mère. [. . .] Mais
qu'allaient dire mes parents, et ma mère
plus particulièrement? [. . .] J'attendis
25 [. . .] et puis je m'écriai, — je m'écriai
comme si la nouvelle devait ravir tout le
monde:

je regagnai *I returned*
Kouroussa *village in
the interior of Guinea
(birthplace of Camara
Laye)*
certificat . . . profession-
nelle *diploma from a
vocational school*
j'en . . . l'aveu *I admit*
je fus *I was*
transports *rapture*

conquis *won*

Conakry *capital of
Guinea*

d'emblée *right away*

— Et ce n'est pas tout: le directeur se
propose de m'envoyer en France!

— En France? dit ma mère.

Et je vis° son visage se fermer.

5 — Oui. Une bourse me sera attribuée;
il n'y aura aucun frais pour vous.

— Il s'agit bien de frais! dit ma mère.
Quoi! tu nous quitterais encore?

— Mais je ne sais pas, dis-je.

10 Et je vis bien — et déjà je me doutais
bien° — que je m'étais fort avancé, fort
imprudemment avancé en répondant
« oui » au directeur.

— Tu ne partiras pas! dit ma mère.

15 — Non, dis-je. Mais ce ne serait pas
pour plus d'une année.

— Une année? dit mon père. Une
année, ce n'est pas tellement long.

— Comment? dit vivement ma mère.

20 Une année, ce n'est pas long? Voilà
quatre ans que notre fils n'est plus jamais
près de nous, sauf pour les vacances, et
toi, tu trouves qu'une année ce n'est pas
long?

25 — Eh bien . . . commença mon père.

— Non! non! dit ma mère. Notre fils
ne partira pas! Qu'il n'en soit plus question!°

— Bon, dit mon père; n'en parlons
30 plus. Aussi bien cette journée est-elle la
journée de son retour et de son succès:
réjouissons-nous! On parlera de tout
cela plus tard. [. . .]

Tard dans la soirée, quand tout le
35 monde fut couché, j'allai rejoindre mon
père sous la véranda de sa case:° le directeur m'avait dit qu'il lui fallait, avant de
faire aucune démarche,° le consentement

je vis *I saw*

je . . . bien *I suspected*

qu'il . . . question
*there'll be no more
discussion about it*

case *hut*

démarche *step, action*

officiel de mon père et que ce consentement devrait lui parvenir dans le plus bref délai.

— Père, dis-je, quand le directeur m'a
5 proposé de partir en France, j'ai dit oui.

— Ah! tu avais déjà accepté?

— J'ai répondu oui spontanément. Je n'ai pas réfléchi, à ce moment, à ce que mère et toi en penseriez.

10 — Tu as donc bien envie d'aller là-bas? dit-il.

— Oui, dis-je. Mon oncle Mamadou m'a dit que c'était une chance unique.

— Tu aurais pu aller° à Dakar;° ton
15 oncle Mamadou est allé à Dakar.

— Ce ne serait pas la même chose.

— Non, ce ne serait pas la même chose . . . Mais comment annoncer cela à ta mère?

20 — Alors tu acceptes que je parte? m'écriai-je.

— Oui . . . oui, j'accepte. Pour toi, j'accepte. Mais tu m'entends: pour toi, pour ton bien!

25 Et il se tut° un moment.

— Vois-tu, reprit-il,° c'est une chose à laquelle j'ai souvent pensé. J'y ai pensé dans le calme de la nuit et dans le bruit de l'enclume.° Je savais bien qu'un jour
30 tu nous quitterais: le jour où tu as pour la première fois mis le pied à l'école, je le savais. Je t'ai vu étudier avec tant de plaisir, tant de passion . . . Oui, depuis ce jour-là, je sais; et petit à petit, je me
35 suis résigné.

— Père! dis-je.

— Chacun suit son destin, mon petit; les hommes n'y peuvent rien changer.

tu . . . aller *you could have gone*

Dakar *capital of Senegal*

il se tut *he grew silent*
reprit-il *he resumed*

enclume *anvil*

Tes oncles aussi ont étudié. Moi — mais
je te l'ai déjà dit: je te l'ai dit, si tu te
souviens quand tu es parti pour Conakry
— moi, je n'ai pas eu leur chance et
5 moins encore la tienne . . . Mais maintenant que cette chance est devant toi, je
veux que tu la saisisses; tu as su saisir la
précédente, saisis celle-ci aussi, saisis-la
bien! Il reste dans notre pays tant de
10 choses à faire . . . Oui, je veux que tu
ailles en France; je le veux aujourd'hui
autant que toi-même : on aura besoin
ici sous peu d'hommes comme toi . . .
Puisses-tu ne pas nour quitter pour trop
15 long-temps! . . .

Nous demeurâmes° un long bout de   demeurâmes *we*
temps sous la véranda, sans mot dire et à   *remained*
regarder la nuit; et puis soudain mon
père dit d'une voix cassée:
20 — Promets-moi qu'un jour tu revien-
dras?

— Je reviendrai! dis-je.

— Ces pays lointains . . . dit-il lentement.
25 Il laissa sa phrase inachevée;° il con-   inachevée *unfinished*
tinuait de regarder la nuit. Je le voyais,
à la lueur de la lampe-tempête,° regarder   lampe-tempête *hurri-*
comme un point dans la nuit, et il fron-   *cane lamp*
çait les sourcils comme s'il était mécon-
30 tent ou inquiet de ce qu'il y découvrait.
[. . .]

Le lendemain, j'écrivis° au directeur   j'écrivis *I wrote*
que mon père acceptait. [. . .] Puis je
voyageai dans la région. J'avais reçu un
35 libre-parcours° et je prenais le train aussi   libre-parcours *pass*
souvent que je voulais. Je visitai les villes
proches; j'allai à Kankan° qui est notre   Kankan *city in Guinea*
ville sainte. Quand je revins,° mon père   *east of Kouroussa*
                                                je revins *I came back*

me montra la lettre que le directeur du collège technique lui avait envoyée. Le directeur confirmait mon départ et désignait l'école de France où j'entrerais; l'école était à Argenteuil.

— Tu sais où se trouve Argenteuil? dit mon père.

— Non, dis-je, mais je vais voir.

J'allai chercher mon dictionnaire et je vis qu'Argenteuil n'était qu'à quelques kilomètres de Paris.

— C'est à côté de Paris, dis-je.

Et je me mis à° rêver à Paris,: il y avait tant d'années qu'on me parlait de Paris! Puis ma pensée revint° brusquement à ma mère.

— Est-ce que ma mère sait déjà? dis-je.

— Non, dit-il. Nous irons ensemble le lui annoncer.

— Tu ne voudrais pas le lui dire seul?

— Seul? Non, petit. Nous ne serons pas trop de deux! Tu peux m'en croire.

Et nous fûmes° trouver ma mère. Elle broyait le mil pour le repas du soir. Mon père demeura un long moment à regarder le pilon tomber dans le mortier:° il ne savait trop par où commencer; il savait que la décision qu'il apportait ferait de la peine à ma mère, et il avait, lui-même, le cœur lourd; et il était là à regarder le pilon sans rien dire; et moi, je n'osais pas lever les yeux. Mais ma mère ne fut° pas longue à pressentir la nouvelle : elle n'eut qu'à° nous regarder et elle comprit° tout ou presque tout.

— Que me voulez-vous? dit-elle. Vous voyez bien que je suis occupée!

Et elle accéléra la cadence du pilon.

je me mis à *I began to*

revint *returned*

nous fûmes *we went*

mortier *mortar*

fut *was*

elle n'eut qu'à *she had only to*
comprit *understood*

— Ne va pas si vite, dit mon père. Tu te fatigues.

— Tu ne vas pas m'apprendre à piler le mil? dit-elle.

5 Et puis soudain elle reprit° avec force:

— Si c'est pour le départ du petit en France, inutile de m'en parler, c'est non!

— Justement, dit mon père. Tu parles sans savoir : tu ne sais pas ce qu'un tel
10 départ représente pour lui.

— Je n'ai pas envie de le savoir! dit-elle.

Et brusquement elle lâcha° le pilon et fit un pas° vers nous.

— N'aurai-je donc jamais la paix? dit-
15 elle. Hier, c'était une école à Conakry; aujourd'hui, c'est une école en France; demain . . . Mais que sera-ce demain? C'est chaque jour une lubie° nouvelle pour me priver de mon fils! . . . Ne te
20 rappelles-tu déjà plus comme le petit a été malade à Conakry? Mais toi, cela ne te suffit pas : il faut à présent que tu l'envoies en France! Es-tu fou? Ou veux-tu me faire devenir folle? Mais sûrement
25 je finirai par devenir folle! . . . Et toi, dit-elle en s'adressant à moi, tu n'es qu'un ingrat! Tous les prétextes te sont bons pour fuir ta mère! Seulement, cette fois, cela ne va plus se passer comme
30 tu l'imagines : tu resteras ici! Ta place est ici! . . . Mais à quoi pensent-ils dans ton école? Est-ce qu'ils se figurent que je vais vivre ma vie entière loin de mon fils? Mourir loin de mon fils? Ils n'ont donc
35 pas de mère, ces gens-là? Mais naturellement ils n'en ont pas: ils ne seraient pas partis si loin de chez eux s'ils en avaient une! [. . .]

elle reprit *she resumed*

elle lâcha *dropped*
fit un pas *moved*

lubie *whim*

Et puis elle baissa le regard, de nouveau elle regarda mon père:

— Qui permettrait cela? Tu n'as donc
pas de cœur?

5   — Femme! femme! dit mon père.
Ne sais-tu pas que c'est pour son bien?

— Son bien? Son bien est de rester
près de moi! N'est-il pas assez savant
comme il est?

10 — Mère . . . commençai-je.

Mais elle m'interrompit violemment :

— Toi, tais-toi! Tu n'es encore qu'un
gamin de rien du tout! Que veux-tu aller
faire si loin? Sais-tu seulement comment
15 on vit° là-bas? . . . Non, tu n'en sais rien!   on vit   *people live*
Et, dis-moi, qui prendra soin de toi? Qui
réparera tes vêtements? Qui te préparera
tes repas?

— Voyons, dit mon père, sois raison-
20 nable: les Blancs ne meurent pas de faim!

— Alors tu ne vois pas, pauvre insensé,
tu n'as pas encore observé qu'ils ne man-
gent pas comme nous? Cet enfant tom-
bera malade, voilà ce qui arrivera! Et
25 moi alors, que ferai-je? Que deviendrai-
je? Ah! j'avais un fils, et voici que je
n'ai plus de fils!

Je m'approchai d'elle, je la serrai contre
moi.

30 — Éloigne-toi! cria-t-elle. Tu n'es plus
mon fils!

Mais elle ne me repoussait pas : elle
pleurait et elle me serrait étroitement
contre elle.

35 — Tu ne vas pas m'abandonner, n'est-
ce pas? Dis-moi que tu me m'abandon-
neras pas?

Mais à présent elle savait que je parti-

rais et qu'elle ne pourrait pas empêcher
mon départ, que rien ne pourrait l'empêcher; sans doute l'avait-elle compris dès
que nous étions venus à elle : oui, elle
5 avait dû voir° cet engrenage qui, de l'é-
cole de Kouroussa, conduisait à Conakry
et aboutissait° à la France; et durant tout
le temps qu'elle avait parlé et qu'elle
avait lutté, elle avait dû regarder tourner
10 l'engrenage : cette roue-ci et cette roue-là
d'abord, et puis cette troisième, et puis
d'autres roues encore, beaucoup d'autres
roues peut-être que personne ne voyait.
Et qu'eût-on fait° pour empêcher cet en-
15 grenage de tourner? On ne pouvait que°
le regarder tourner, regarder le destin
tourner : mon destin était que je parte!
Et elle dirigea sa colère — mais déjà ce
n'était plus que des lambeaux° de colère
20 — contre ceux qui, dans son esprit, m'en-
levaient à elle une fois de plus :
    — Ce sont des gens que rien jamais ne
satisfait, dit-elle. Ils veulent tout! Ils ne
peuvent pas voir une chose sans la vou-
25 loir.
    — Tu ne dois pas les maudire,° dis-je.
    — Non, dit-elle amèrement, je ne les
maudirai pas.
    Et elle se trouva enfin à bout de co-
30 lère; elle renversa la tête contre mon
épaule et elle sanglota bruyamment.°
Mon père s'était retiré. Et moi, je serrais
ma mère contre moi, j'essuyais ses larmes,
je disais . . . que disais-je? Tout et n'im-
35 porte quoi,° mais c'était sans importance :
je ne crois pas que ma mère comprît° rien
de ce que je disais; le son seul de ma
voix lui parvenait, et il suffisait : ses san-

elle ... voir *she must
have seen*

aboutissait *ended*

elle . . . regarder *she
must have seen*

qu'eût-on fait *what could
have been done*
on . . . que *one could
only*

lambeaux *shreds*

maudire *to curse*

bruyamment *loudly*

n'importe quoi *any-
thing*
comprît *understood*

glots petit à petit s'apaisaient, s'espa-
çaient° . . .

C'est ainsi que se décida mon voyage
c'est ainsi qu'un jour je pris° l'avion pour
5 la France.   Oh! ce fut° un affreux déchirement!°   Je n'aime pas m'en souvenir.
J'entends encore ma mère se lamenter, je
vois mon père qui ne peut retenir ses
larmes, je vois mes sœurs, mes frères . . .
10 Non, je n'aime pas me rappeler ce que
fut ce départ : je me trouvai comme arra-
ché° à moi-même! [. . .]

s'espaçaient *became*
  less frequent

je pris *took*

ce fut *was*

déchirement *wrench*

arraché *torn*

L'Enfant noir, 1953

EXERCICES

I

*Relevez dans la colonne B les synonymes pour les mots ou expressions
de la colonne A.*

A	B
petit à petit	spontanément
s'apaiser	se terminer
d'emblée	sous peu
inachevé	se calmer
sangloter	peu à peu
aboutir	reconnaître
dans le plus bref délai	à bras ouverts
chaleureusement	aussitôt que possible
faire l'aveu	consentir
bientôt	un peu en retard
	pleurer
	incomplet

II

Donnez les adverbes qui ont la même racine que les noms suivants.

bruit	évidence
violence	spontanéité
	imprudence

III

Refaites les phrases ci-dessous en remplaçant les mots en italique par des antonymes choisis de la liste suivante.

se réjouir	ravir	empêcher
achever	proche	se souvenir de
aboutir	repousser	accepter

1. La mère *a serré* son fils *contre elle*.
2. Je ne *permettrai* pas qu'il parte.
3. Il passait son temps à visiter les villes *lointaines*.
4. Cette nouvelle me *déplaît*.
5. Il veut *oublier* le jour de son départ.
6. Beaucoup de jeunes Africains vont *commencer* leurs études à l'étranger.
7. C'est le jour de son retour. *Ne nous lamentons pas*.

IV

Employez les expressions suivantes dans des phrases pour indiquer la réaction du père et de la mère envers la décision de leur fils.

avoir le cœur lourd	ne pas pouvoir retenir ses larmes
froncer les sourcils	se fermer le visage

V

Répondez aux questions suivantes.

1. Dans quel pays se passe cette histoire? Où est ce pays?
2. Pourquoi le narrateur était-il allé à Conakry?
3. Pourquoi se sent-il si fier à son retour?
4. Quelle nouvelle annonce-t-il à ses parents?

5. Pourquoi dit-il qu'il n'a pas trop bonne conscience?
6. Pourquoi son père, lui, accepte-t-il le départ de son fils?
7. Que fait le jeune homme en attendant la réponse du directeur?
8. Pourquoi sa mère l'appelle-t-elle "un ingrat?"
9. Comment la mère envisage-t-elle la vie de son fils en France?
10. Croit-elle qu'elle puisse vraiment empêcher son départ?
11. Pourquoi le jeune homme n'aime-t-il pas se souvenir du jour de son départ?
12. Qu'a-t-il promis à ses parents?
13. Est-ce que le père est tout à fait content du départ de son fils? Justifiez votre réponse d'après le texte.
14. Expliquez "l'engrenage" qui semble gouverner le destin du jeune homme.

VI

Votre point de vue

1. Si vous demandiez à vos parents de vous permettre de continuer vos études à l'étranger ou dans une ville lointaine, que diraient-ils? Comment pourriez-vous justifier votre demande?
2. Connaissez-vous des étudiants (étudiantes) étrangers (étrangères)? Pourquoi ont-ils (elles) quitté leur pays? Ont-ils (elles) l'intention d'y retourner?
3. En réfléchissant à votre famille, quelles différences voyez-vous dans l'attitude de votre père et de votre mère envers vous?

Literary Index

L'Académie Française   Founded in 1635 by Cardinal Richelieu, it is limited to forty members, often called the "forty immortals", of eminence in the arts and sciences as well as in diplomatic, military and religious life.

Gestapo   A branch of the state secret police in Nazi Germany from the 1930's to the end of World War II in 1945. It had the power to arrest, inter in concentration camps, and order the execution of those who opposed the regime of Adolf Hitler, and was responsible for many of the crimes and atrocities of the period.

La Légion d'Honneur   A non-hereditary order begun in 1802, by Napoleon, as a reward for outstanding civilian and military service to France. Its ranks are **Chevalier**, **Officier**, **Commandeur**, **Grand Officier**, and **Grand Croix**, with the President of France the highest ranking officer.   Membership in the **Legion of Honor** is the highest award the French Government can bestow.

Lyrisme   An outpouring of exalted and sensual emotions, especially in the arts.

La Résistance   The name given to the clandestine organization of civilians and soldiers in many European countries that fought the German armies of occupation during World War II. Its members carried out heroic acts of sabotage and were a major link with the Allied forces.

Surréalisme   A literary and artistic movement founded in the early 1920's by the French poet André Breton. It was a revolt against convention and the representations of the conscious, and an attempt to draw upon the subconscious to create a pure and absolute image. Picasso and Salvador Dali are among the noted painters of the surrealist school.

La Première Guerre Mondiale   Began in 1914 with the assassination in Sarajevo of Archduke Francis Ferdinand of Austria-Hungary and led to war between the Allied forces of Great Britain, Belgium,

France, the United States, the Soviet Union, Italy, and Japan, on one side, against Germany, Austria-Hungary, Bulgaria, and Turkey on the other. The United States, however, did not enter the war until 1917, following the sinking of the Lusitania by German submarines. Armistice was declared on November 11, 1918 and a peace treaty signed in 1919 at the Palace of Versailles.

La Deuxième Guerre Mondiale   Launched in 1939 following the German invasion of Poland, it pitted the Allied forces of the United States, Great Britain, France, and the Soviet Union against Germany, Italy and Japan. Many European intellectuals fled to the United States at that time. France fell in 1940 and the United States declared war on both Germany and Japan after the bombing of the American naval base at Pearl Harbor (Hawaii) on December 7, 1941. The war on the European front ended in the spring of 1945 with the defeat of Hitler's forces. Japan surrendered in August 1945 following the dropping of atomic bombs on Hiroshima and Nagasaki.

Vocabulary

This vocabulary aims to be complete for the selections in this text. Included are geographical and proper names not explained in glosses, as well as vocabulary from the introductions, questions and exercises. Obvious cognates, numbers, days of the week, months have been omitted.

Abbreviations

adj.	adjective	*fam.*	familiar
adv.	adverb	*fig.*	figurative
exclam.	exclamation	*m.*	masculine
f.	feminine	*pl.*	plural

A

abandonner to abandon
l'abeille *f.* bee
aborder to broach
aboutir to end
accélérer to increase
accepter to accept; to agree
accompagner to accompany
l'accord *m.* agreement
achever to complete
acquérir to acquire
actuel, -le current
actuellement currently
s'adresser (à) to talk (to)
l'affaire *f.* matter
affirmer to state
affreusement terribly, extremely
affreux, affreuse dreadful, terrible
afin que so that
l'agence *f.* agency; **agence de voyages** travel agency

agir: il s'agit de it's a matter of
l'agrément *m.* pleasure
l'aile *f.* wing
ailleurs elsewhere
aimer to like, love; **aimer mieux** to prefer
ainsi thus, that is how; **ainsi que** as well as
l'air *m.* manner
aisé well-to-do
l'alimentation *f.* food, nourishment
l'Allemagne *f.* Germany
aller to go; **s'en aller** to go away
allumer to light
alors so, then; **alors que** when
amèrement bitterly
l'ami *m.* friend
amplifier to expand, amplify
l'amour *m.* love
amusé amused
l'an *m.* year
ancestral (*pl.* ancestraux) ancestral

ancien, -ne former; ancient; old-
fashioned
l'année f. year
l annonce f. announcement
annoncer to tell, announce
annuler to cancel
s'apaiser to calm down
apercevoir to notice
apparaître to appear
appartenir (à) to belong (to)
appeler to call
appétissant appetizing
l'appétit m. appetite
apporter to bring
apprendre to teach; to notify; to
find out
s'approcher to draw near
appuyé leaning
s'appuyer to lean
après after; d'après according to
l'arbre m. tree
ardent burning
l'argent m. money
arracher to tear away, tear apart
arrêté arrested
s'arrêter to stop
l'arrivant m. arrival
l'arrivée f. arrival
arriver to arrive; to happen
s'asseoir to sit down
assez enough; rather
assis seated
assurer to assure
s'attarder to linger
attendre to wait, wait for, expect
attirer to attract
attribuer to grant
aucun no
aucunement in no way
aujourd'hui today
auparavant beforehand
auprès de assigned to
ausculter to listen to (the chest)
aussi also; aussi bien in addition
aussitôt as soon as
autant as much; the same; autant
que as much as
l'auteur m. author
autrefois formerly

l'avance f.: à l'avance in advance
s'avancer to move ahead
avant before, beforehand
l'avant-veille f. two days before
l'avarice f. stinginess
s'aventurer to venture
avertir to warn
l'aveu m. admission; faire l'aveu
to admit
Avignon city on the Rhône River,
southeast of Paris, site of the ancient Palace of the Popes
l'avion m. plane
l'avis m. opinion; notice, announcement
avoir to have; avoir à to have to

B

le bahut chest
le baiser kiss
baisser to drop, lower; baisser le
regard to lower one's eyes
la basse-cour barnyard
le bateau boat
Bayonne city in southwestern
France, on the Atlantic coast
beau, bel, belle beautiful, handsome,
fine; faire beau to have fine
weather
le bec beak
le besoin need; avoir besoin de to
need
bien adv. very; definitely; bien sûr
of course
le bien good, well-being, welfare
le bien-être well-being
bientôt soon
le billet ticket
le biscuit plain cracker
blanc, blanche white
le boeuf ox
boire to drink
bon, bonne good
bondé completely booked
bondir to leap up and run
le bonheur happiness
la bouche mouth

la **bouffée** outburst
la **bougeotte: avoir la bougeotte** to be restless
la **bourse** scholarship
le **boursier** scholarship student
le **bout** end; **au bout de** at the end of; **bout de papier** piece of paper; **un long bout de temps** a long time
la **bouteille** bottle
le **bras** arm
brave fine
brillant shining
britannique British
broyer to grind
le **bruit** noise
brun brown
brusquement abruptly, suddenly, roughly
brutalement bluntly
bruyamment noisily
bu: past participle of **boire** to drink

C

cacher to hide
la **cadence** rhythm
la **cadre** frame
le **café** coffee
calculer to figure
le **camp: ficher le camp** (*slang*) to go away, clear out
la **campagne** countryside
Cannes resort on the Mediterranean
la **cantatrice** singer; **La Cantatrice chauve** The Bald Soprano
le **canton** canton (administrative subdivision)
la **cantonade: à la cantonade** speaking to someone offstage
le **capitaine** captain
la **carrière** career
le **cas** case
la **case** primitive African dwelling
cassé broken
la **ceinture** belt
célèbre famous
les **cendres** *f. pl.* ashes

le **cendrier** ashtray
la **centaine** hundred
le **cercle** circle
le **certificat** diploma, certificate
cesser to stop
chacun *adj.* each; *pron.* each one
la **chaleur** heat
chaleureux, chaleureuse warm, affectionate
la **chambre** room
Chamonix Alpine winter resort
la **chance** opportunity
la **chanson** song
chanter to sing
le **chapeau** hat
chaque each, every
charmant charming
chaud warm
le **chauffeur** driver
chauve bald
le **chemin** road; **chemin de fer** railroad
cher, chère expensive, costly; **à moins cher** less expensively; **revenir cher** to be costly
chercher to seek, look for; **aller chercher** to go and get
le **chéri** darling
le **cheval** horse
le **chevet: lampe de chevet** bedside lamp
les **cheveux** *m. pl.* hair
la **chèvre** goat
chez: chez nous in our country
la **chose** thing
le **ciel** sky
le **cimetière** cemetery
le **cinéma** movies
cinglé out of one's mind
le **ciseleur** engraver
clair clear
la **clarté** clarity
la **classe** classroom
le **clerc** monk; cleric
le **clergé** clergy
le **client** customer; patient
le **cochon** pig
le **cocorico** cockadoodledoo
le **coeur** heart; (*fig.*) breast

le **coiffeur** hairdresser
le **coin** corner
coïncider to coincide
le **col** collar
la **colère** anger
le **collège: collège technique** technical school
la **colonne** column
comme as; **comme si** as if; **tout comme** just as
commencer to begin
commun mutual; **vie en commun** life together
la **commune** commune (smallest administrative division in France)
comparer to compare
le **compartiment** compartment
complet, complète total
compliqué complicated
composer to arrange
comprendre to understand
compris included
le **compte** count; **se rendre compte de** to realize, recognize
compter to matter; to count
le **comptoir** counter
Conakry capital of Guinea
conclu: past participle of **conclure** to conclude
conclure to conclude
conduire to lead (to); to drive
la **conduite** conduct, behavior
la **confiture** jam
le **conflit** conflict
la **connaissance: à ma connaissance** to my knowledge
connaître to be acquainted with, know
conquis: past participle of **conquérir** to win
consacrer to devote; **se consacrer à** to devote oneself (to)
le **conseil** advice
le **consentement** consent
conserver to retain
constipé constipated
le **consultant** patient
consulter to consult, ask
le **conte** tale, short story

contemporain contemporary
content happy
le **conteur** short story writer
continu continual
continuer to continue
contraire: au contraire on the contrary
contre against
convaincu convinced
convenir to agree; **c'est convenu?** that's agreed upon?
le **convoi** convoy, train
le **coq** rooster
coranique referring to the Koran, the sacred text of Islam
le **corps** body
le **côté** side; **à côté de** near; **du côté de** near
couché in bed
se **coucher** to go to bed
la **couchette** berth (in a sleeping car)
la **couleur** color
le **coup** stroke, blow; **tout à coup** suddenly
la **coupe** cross section
la **courbature** stiffness
courir to run
le **cours** course; **au cours de** during
la **courtoisie** courtesy
couru: past participle of **courir** to run
coûter to cost
coûteux, coûteuse expensive
le **couvert** place setting; **mettre le couvert** to set the table
la **craie** chalk
la **crainte** fear
le **créole** Creole, a language spoken in Haiti made up of French, Spanish, Portuguese, and native words
le **crépuscule** twilight
crier to shout, yell, cry out
croire to think, believe
le **croquis** sketch
cru: past participle of **croire** to believe
cru raw; **lumière crue** broad daylight

la **cuiller** spoon
la **cuisine** kitchen; cooking
cultiver to cultivate
curieusement strangely
curieux, curieuse curious
la **curiosité** curiosity

D

dame: dame si but of course
dangereux, dangereuse dangerous
déboutonné unbuttoned; **manger à ventre déboutonné** to overstuff oneself, overeat
le **début** beginning
déchiré torn
le **déchirement** wrench
décider to decide
déclarer to state
découvert: past participle of **découvrir** to discover
découvrir to discover
décrire to describe
dedans inside
défendre to forbid
dehors outside
déjà already
le **déjeuner** *m.* breakfast; lunch
le **délai: dans le plus bref délai** as soon as possible
demain tomorrow
demander to ask; **ne pas demander mieux** not to ask for anything more, to be happy
la **démarche** step, action
demeurer to remain
dénicher to unearth
le **départ** departure
se **dépêcher** to hurry
dépeindre to depict
dépendre to depend
la **dépense** expense
déplaire to displease
deporter to deport
la **dépouille** remains, corpse
dernier, dernière last
derrière behind
dès (que) as soon as, once

descendre to go down, come down, descend, to get off; to bring down
désigner to indicate, point out
le **désir** wish
désolé saddened
le **destin** fate, destiny
détaler to clear out; **détaler à toutes jambes** to get away fast
devant in front of, before, ahead; **regarder droit devant lui** to look straight ahead
devenir to become
le **diable** devil; **diable!** (*exclam.*) good grief!
le **dictionnaire** dictionary
le **dieu** god
difficile difficult
le **diplôme** diploma
dire to say, tell; **à vrai dire** to tell the truth; **sans mot dire** without saying a word; **sans rien dire** without saying anything
le **directeur** headmaster
diriger to direct; to move toward; **se diriger** to go (to)
discret, discrète discreet
disparaître to disappear
la **disparition** disappearance
disparu: past participle of **disparaître** to disappear
divers various
la **dixième** tenth
le **doigt** finger
dolent complaining, whining
le **domestique** servant
dominer to dominate
le **dommage: dommage!** (*exclam.*) too bad!
donc therefore
donner to give; **donner vers** to lean towards
dont of which
dormir to sleep
la **dorure** gilt
le **dos** back
doucement sweetly; softly, quietly
le **doute** doubt; **sans doute** no doubt, undoubtedly
se **douter** to suspect

doux, douce sweet, gentle
la douzaine dozen
le dramaturge playwright
droit straight; regarder droit devant
  lui to look straight ahead
drôle funny
dû: past participle of devoir
dur harsh, difficult
durant during
durer to continue, last
la dureté harshness

E

l'eau f. water; eau de Vichy car-
  bonated mineral water
ébloui dazzled
l'échelle f. ladder
éclatant dazzling
l'école f. school
écouter to listen to, hear
s'écrier to cry out
écrire to write
l'écrit m. document
l'écriture f. writing
l'écrivain m. writer
s'écrouler to give way, collapse
l'effet m. effect
effrayer to frighten
égal equal
egalement also; equally
égaler to equal
égayer to brighten
l'église f. church
s'éloigner to go away
élu: past participle of élire to elect
d'emblée spontaneously, immedi-
  ately
s'émerveiller to marvel
empêcher to prevent; n'empêche
  que in any event, nevertheless
l'emploi m. use
l'employé m. employee
employer to use
emporter to carry off, away
s'empresser to hasten
emprisonné imprisoned
ému very excited, nervous

l'enclume f. anvil
encombré overcrowded
encourir to risk
l'encre f. ink
l'enfance f. childhood
l'enfant m. child
enfin finally
s'enfouir to bury
s'enfuir to run away
l'engrenage m. gears of a machine
enivré excited, elated, exalted
enjamber to climb over
enlever to remove, take away
l'ennemi m. enemy
énormément tremendously
ensemble together
ensuite then
entendre to hear
enterrer to bury
entier, entière entire
entrer to enter
envahir to invade
l'envie f. desire; avoir envie de
  to long to, want to
environ about; les environs m. pl.
  neighborhood
envisager to foresee
s'envoler to fly off
envoyer to send
épargner to spare
l'épaule f. shoulder
l'épicier m. grocer
épinier, épinière spinal; moelle épinière spinal cord
l'époque f. era
éprouver to feel
épuisé exhausted, worn out
l'escalier m. stairs
l'esclave m. slave
s'espacer to become less frequent
espagnol Spanish
l'espèce f. kind, type
l'espoir m. hope
l'esprit m. mind, mentality; avoir
  l'esprit mal fait to look on the
  dark side
l'Esquimau m. Eskimo
essayer to try

s'essuyer to wipe
l'état *m.* condition, state; **mettre dans tous les états** to upset
les États-Unis *m. pl.* United States
ethnique ethnic
étonnament amazingly
étonnant amazing, astonishing
étonner to amaze, startle; **s'étonner** to be startled
étrange strange
étranger, étrangère strange
l'étranger *m.* foreigner; stranger; **à l'étranger** abroad
étroitement tightly
l'étude *f.* study
étudier to study
s'évanouir to faint
l'éveil *m.* wakefulness
éveillé awake
éveiller to awake; **s'éveiller** to wake up; **s'éveiller en sursaut** to wake up with a start
évidemment obviously
éviter to avoid
évoquer to evoke
excès: **avec excès** too much
excité excited, stimulated
exercer to exercise; **s'exercer sur** to act upon, affect
exiger to demand
expliquer to explain
exploiter to develop; to work (the land)
l'extrait *m.* excerpt
l'Extrême–Orient *m.* Far East

F

la face: **en face de** opposite, facing; **face à** facing; **regarder en face** look ahead
facile easy; **rendre facile** to ease
facilement easily
la façon manner, way; **de toute façon** in any event
faible weak
la faiblesse weakness
la faim hunger

faire to do; to express; to make; **faire noir** to be dark; **faire oui de la tête** to nod
la faisceau bundle (of nerves)
le fait fact
la falaise cliff
falloir: **il faudra** you'll have to
famélique starving
familial family
familier, familière familiar
la famille family
fané faded
se faner to wilt
la fantaisie fantasy
la fatigue tiredness
fatigué tired
se fatiguer to tire
faudra: future of **falloir: il faudra** you'll have to
faux, fausse false
la femelle female
la femme wife, lady, woman
la fenêtre window
féodal feudal
la ferme farm
fermer to close; **son visage se ferma** her face froze
la fesse buttock
ficher: **ficher le camp** to go away, clear out (*slang*)
fidèle faithful
fier, fière proud
fièrement proudly
la fièvre fever
figurer to appear; **se figurer** to imagine
la fille girl
le fils son
la fin end
fin sharp and small
finir to finish
fit: passé simple of **faire**
flamand Flemish
flatter to flatter
flatteur, flatteuse flattering
la flèche arrow
la fleur flower
le fleuve river; **roman-fleuve** saga
la fois time; **des fois** sometimes;

une fois once; **une fois de plus**
    once again
le **fond** bottom; **au fond** basically
la **force** strength; **à force de** by
    dint of
forcément necessarily
le **forgeron** blacksmith
fort *adv.* loudly, hard; *adj.* strong
fou, folle mad, crazy
frais, fraîche fresh
les **frais** *m. pl.* expenses
la **fraise** strawberry
frapper to strike
fréquenter to spend time with,
    frequent
le **frère** brother
froid cold
froncer to furrow, knit
fuir to flee
la **fumée** smoke
fumer to smoke

G

gagner to earn; to win
gai cheerful, in good sprits
la **gaieté** liveliness, cheerfulness
gaillard lively
le **gaillard** fellow
le **gamin** youngster, kid
le **garçon** boy
la **gare** station
gauche left
les **gendarmes** *m. pl.* highway po-
    lice
gêner to bother
les **gens** *m. pl.* people
gentil, -le nice
se **glisser** to slip
gonflé bursting
le **gosse** youngster, kid
gouverner to govern, determine
grâce (à) thanks(to)
graisseux, graisseuse greasy
grand big, tall
gras, grasse fat
gratuit free, without charge
grec, grecque Greek
le **grenier** attic

grimpant climbing
gros, grosse big, fat
la **grosseur** size
grossier, grossière coarse
grossièrement bluntly
la **gueule** throat (of an animal)
guère: ne . . . guère hardly
guérir to recover, get well; to cure,
    heal
la **guerre** war
la **Guinée** Guinea

H

habilement skillfully
l'**habitant** *m.* inhabitant
habiter to live (in, on)
l'**habitude** *f.* habit; **d'habitude**
    usual
haïtien, -ne Haitian
haut loud
hésiter to hesitate
l'**heure** *f.* hour; **toutes les deux**
    heures every two hours
heureusement fortunately
heureux, heureuse happy
l'**histoire** *f.* story, tale, history
historique historical
l'**homme** *m.* man, husband
honnête fair
hurler to yell

I

ici here
idiot foolish, silly
ignorer to be unaware of
l'**île** *f.* island
illustre illustrious, famous
l'**image** *f.* image
impartialement fairly
importer to matter; **n'importe où**
    no matter where, anywhere;
    n'importe quoi anything
imprudemment unwisely
inachevé incomplete, unfinished
inattendu unexpected
indigène native

indiquer to indicate
inévitablement inevitably
l'ingénieur *m.* engineer
ingrat ungrateful
inouï extraordinary
inquiet, inquiète upset, disturbed,
    anxious, apprehensive
l'insensé *m.* fool
l'instituteur *m.* schoolteacher
intérieur inner, inside, inland
interrompre to interrupt
intervenir to intervene
intriguer to interest, intrigue
inutile useless, unnecessary
inventer to invent
inverse: sens inverse in the opposite
    direction
isolé isolated

J

la jalousie jealousy
jaloux, jalouse jealous
jamais never
la jambe leg; détaler à toutes
    jambes to get away fast
le jardin garden
le jeu game; jeu de mots play on
    words
jeune young
la jeunesse youth
la joie joy
joli pretty
la joue cheek
jouer to play; jouer de mauvais
    tours to trick
le jour day; du jour au lendemain
    overnight
le journalier dayworker on a farm
la journée day
la jument mare
jurer to swear
justement precisely, exactly

K

le kilomètre kilometer (.62 miles)

L

laborieux, laborieuse difficult
le lac lake
lâcher to drop, let go
là-dessus on that matter, in that re-
    gard
laisser to leave
le lait milk
le lambeau shred
se lamenter to weep
la lampe—tempête hurricane lamp
lancer to emit
la langue tongue; language
le lapin rabbit
la larme tear
le lendemain the next day; du jour
    au lendemain overnight; le len-
    demain matin the next morning
lentement slowly
la lettre letter
levant rising
lever to raise, lift; se lever to rise,
    get up
la lèvre lip
le libre—parcours pass
la lieue league (about four kilo-
    meters)
Lille industrial center in north-
    eastern France
lire to read
loin far
lointain distant
long, longue long; le long de along,
    up and down
longtemps a long time
longuement for a long time
lorsque when
le lot lot
louer to rent
le loup wolf
le loup—garou werewolf
lourd heavy
la lourdeur heaviness
la lubie whim
la lueur light
la lumière light
la lune moon
lutter to struggle, fight

Lyon cultural and business center in central France, on the Rhône

le **lyrisme** lyricism

M

machinal mechanical

machinalement automatically

maigre thin

la **main** hand

maintenant now

le **maire** mayor

la **maison** house, home

le **maître** master; schoolteacher

le **mal** illness; **avoir mal** to have pain; **faire mal** to pain, hurt

malade sick

le **malheur** misfortune, unhappiness; **avoir du malheur** to be unfortunate

malinké Malinke, descended from the ancient Mali tribe of west Africa

manger to eat

la **mangue** mango

le **manguier** mango tree

manquer to be lacking

le **manteau** coat

le **marché** market

marcher to go

le **mari** husband

marié married

le **marronnier** chestnut tree

le **matin** morning

matinal morning

maudire to speak ill (of)

mécontent unhappy

meilleur best

même *adj.* same; *adv.* even; **même si** even if; **tout de même** all the same

le **mendiant** beggar

mentir to lie

se **méprendre** to be mistaken

la **mer** sea

la **mère** mother

merveilleusement wonderfully

merveilleux, merveilleuse marvelous

le **métier** skill, trade, job, profession, work

le **mètre** meter (39.39 inches)

mettre to put; to put on (clothes); **mettre le couvert** to set the table; **mettre dans tous les états** to upset; **se mettre à** to begin to

le **midi** noon

le **mien, la mienne** mine

mieux better; **aimer mieux** to prefer; **tant mieux** so much the better

le **mil** millet (a food grain)

le **milieu** middle

mille a thousand

le **millimètre** millimeter, one thousandth of a meter

le **ministère** ministry

mis: past participle of **mettre**

la **mode** style, fashion

se **modeler** to be based (on)

modifier to modify

la **moelle: moelle épinière** spinal cord

la **moindre** least

moins least, less, **au moins** at least; **à moins cher** for less, less expensively; **à moins de** for less than; **moins encore** still less

le **mois** month

la **moitié** half

le **monde** world; **tout le monde** everyone; **du beau monde** fine people

mondial world; **guerre mondiale** world war

monter to go up

montrer to show

se **moquer (de)** to make fun (of)

moqueur, moqueuse taunting

la **mort** death

le **mort** dead person, corpse

mort dead

le **mortier** mortar

le **mot** word; **sans mot dire** without saying a word

le **mouchoir** handkerchief

mourir to die

le **mousseux** sparkling wine

le **mouton** sheep

moyen, moyenne middle; **Moyen Âge** Middle Ages

le **moyen** means

multipolaire bipolar (referring to cells in the nervous system)

le **mur** wall

mûr ripe

le **murmure** buzzing

le **museau** snout

la **musique** music

musulman Moslem

le **mystère** mystery

mystérieux, mystérieuse mysterious

N

natal native; **pays natal** country of one's birth

la **nature** temperament

naturellement naturally

le **nez** nose

Nice resort on the Mediterranean

la **noblesse** nobility

noir black; dark; **il fait noir** it's dark

noirci blackened, darkened

le **nom** name

nombreux, nombreuse numerous

se **nommer** to be named

nouveau, nouvel, nouvelle new; **de nouveau** again

la **nouvelle** news; short story, tale

la **nuit** night

O

obtenir to obtain

occidental western

occupé busy

s'**occuper de** to take care of

l'**odeur** f. smell

l'**œuf** m. egg

l'**œuvre** f. work

l'**oiseau** m. bird

l'**oiseau–lyre** m. lyrebird

l'**oncle** m. uncle

onduler to wave; **se faire onduler** to have one's hair done

l'**or** m. gold

l'**ordonnance** f. prescription

ordonner to prescribe

l'**oreille** f. ear; **de se propres oreilles** with his own ears

l'**oreiller** m. pillow

originaire native

Orléans historic old city south of Paris

oser to dare

où where; **par où** where

oublier to forget

ouvert open

l'**ouvrier** m. worker

P

paisible peaceful

paisiblement peacefully

la **paix** peace

palper to palpate (examine by feeling)

le **papier** paper

par by

paraître to appear

le **parent** relative; m. pl. relatives;

la **parente** female relative

la **paresse** laziness

paresseux, paresseuse lazy

parfait perfect

parler to talk, speak

la **parole** word

le **partage** division, sharing

partager to share; **se partager** to divide

particulièrement especially

la **partie** part; **faire partie de** to be part of

partir to leave, depart; **à partir de** after, beginning with

paru: past participle of **paraître** to appear

parvenir to reach

le **pas** step

le **passant** passer-by

passer to pass, pass by; **se passer**

to take place, happen; **se passer de** to do without
passionné impassioned
paternel, -le paternal
pauvre poor
pavé paved
le **pays** country, native land; native region
paysan, -ne (*adj.*) farm
le **paysan** farmer
la **peine** pain; **faire de la peine** to hurt
peint: past participle of **peindre** to paint
le **pèlerinage** pilgrimage
le **pélican** pelican
pendant during
pendre to hang
la **pensée** thought, thinking
penser to think
percher to perch
percuter to percuss (examine by thumping)
le **père** father
Périgord region in southwestern France
permettre to allow, permit; **se permettre de** to allow oneself to
le **permis** permit; **permis de conduire** driver's license
le **personnage** character
personne anyone; **ne . . . personne** no one
persuader to convince
la **perte** loss
petit small, little, young; **étant petite** when you were a little girl; **petit à petit** little by little
le **petit** child, young boy
le **peu** little (amount)
peu *adv.* little; **à peu près** about; **sous peu** soon
la **peur** fear; **avoir peur** to be afraid
peut-être perhaps
la **phrase** sentence
la **pièce** play
le **pied** foot; **à pied** on foot; **mettre le pied à** to set foot into;

sur la pointe des pieds on tiptoe
piler to grind
le **pilon** pestle
le **pinceau** paintbrush
se pincer to pinch oneself
pis: tant pis never mind, too bad
le **pitre** clown; **faire le pitre** to act like a clown
la **place** seat, place; **cabine à deux places** cabin for two
placer to place
plaindre to pity; **se plaindre (de)** to complain (about)
le **plaisir** pleasure
pleurer to weep, cry
pleuvoir to rain
la **pluie** rain; **manteau de pluie** raincoat; **sous la pluie** in the rain
la **plume** feather; pen
plus more; **ne . . . plus** no longer; **une fois de plus** once more
plusieurs several
plutôt rather
la **poche** pocket
le **poète** poet
le **poil** fur
le **point** spot
la **pointe** tip; **sur la pointe de pieds** on tiptoe
le **poisson** fish
pondre to lay (an egg)
Port—au—Prince capital of Haiti
la **porte** door
le **portefeuille** wallet
le **porte—plume** penholder
porter to carry, lift, bear; to bear the brunt (of)
portugais Portuguese
poser to lay on, place
posséder to have
posthume posthumous
le **pot** jar
le **poulailler** chicken coop
le **poulain** colt, foal
le **poulet** chicken
poursuivre to chase, pursue, run after
pourtant nevertheless, however

pousser   to emit
précédent   previous
préciser   to specify
premier, première   first
prendre   to take
près (de)   near; almost, nearly; à peu
    près   about
préserver   to preserve
presque   almost
pressé   in a hurry
pressentir   to have a premonition
presser   to hold close; to press on
prêt   ready
prêter   to lend
prévenir   to advise, inform; to warn
pris: past participle of prendre   to
    take
le prisonnier   prisoner
priver   to deprive
prochain   next
proche   nearby
produire   to produce
profiter   to take advantage
profond   deep
promettre   to promise
la promotion   class (school)
propos: à propos de   concerning
proposer   to suggest
propre   acceptable, fine; own; de
    ses propres oreilles   with his own
    ears
prouver   to prove
prudent   discreet
le publiciste   public relations coun-
    selor
puis   then
puiser   to draw
puisque   since
le pupitre   desk

Q

quelqu'un   someone; quelques-uns
    some
quérir   to look for
la queue   tail
quitter   to leave
quoi   what

R

la racine   root
raconter   to tell, recount
la raison   reason
ramener   to bring back
le rang   rank
rappeler   to call again; se rappeler
    to remember
rassurer   to reassure
ravir   to delight
recevoir   to receive
reconduire   to escort (to the door)
la reconnaissance   gratitude
reconnaissant   grateful
reconnaître   to recognize
reçu: past participle of recevoir   to
    receive
le recueil   collection
redevenir   to become once again
rédiger   to edit, write out
réel, -le   real
refaire   to remake
refermer   to close again
réfléchir   to consider, reflect
regagner   to return to
le regard   look; baisser le regard   to
    lower one's eyes
regarder   to look at; regarder droit
    devant lui   to look straight ahead;
    regarder par la fenêtre   to look
    out of the window
le régime   system, regimen, routine
régulier, régulière   regular
régulièrement   regularly
les reins m. pl.   loins, kidneys
rejoindre   to rejoin
se réjouir   to rejoice
relever   to pick out, select
religieux, religieuse   religious
remanier   to rework
la remarque   remark
remarquer   to notice, understand
le remède   remedy
remettre   to hand over
la remise   shed
le renard   fox
le renardeau   fox cub
rendormir   to fall back to sleep

rendre: rendre facile to ease; se rendre compte de to realize, recognize

rendu depicted

le renom fame

renommé famous

renoncer to abandon, give up

la rentrée return

rentrer to return

renverse: à la renverse backwards

renverser to lean back

réparer to repair

repartir to start out again, leave again, go back again; repartir à zéro to begin anew, make a fresh start

le repas meal

répéter to repeat

répondre to answer

reposer to repose, lie; to place again

repousser to push away, reject

reprendre to begin again; to regain

se représenter to imagine

la reprise resumption

le reproche reproach

reproduire to reprint

se résigner to resign oneself

respirer to breathe

ressembler to resemble

rester to remain; il reste there remains

retenir to hold back

retirer to withdraw

le retour return

retourner to return; to turn around, turn back

retrouver to find again; to come back to

réussir to succeed

revenir to return, come back; revenir cher to be costly

rêver to dream

revoir to see again

la richesse wealth, richness

le rideau curtain

rien nothing

la rigueur: à la rigueur if absolutely necessary

rire to laugh

la robe dress

le rôle role, part; à tour de rôle in turn

roman romanesque

le roman novel; roman-fleuve saga

romancé: biographie romancée biographical novel

le romancier novelist

le rond circle

le rosier rose bush

rôtir roast

la roue wheel

rouler to roll along

roumain Rumanian

Roumanie Rumania

la route road, highway

roux, rousse russet, reddish

rudement (fam.) very, quite

S

le sable sand

saint holy

saisir to seize, take hold of, grasp

la saison season; la belle saison summer and early fall

sale filthy

la salle room

sangloter to sob

sans without

satisfaire to satisfy

sauf except

sauver to save, rescue

savoir to know

schématiquement schematically

scolaire school

secouer to shake

sédentaire sedentary

le seigneur lord; exclam.: good heavens!

la semaine week

semblable much the same

le sens direction; en sens inverse in the opposite direction

la sensation feeling

sensible sensitive

sentir to feel

le serf serf

sérieux, sérieuse serious
serré crowded together
serrer to hold tight
la servante servant girl
seul alone
seulement only
le siècle century
significatif, significative significant
signifier to mean
Simca major French automobile company
simplement simply
soigné carefully and well-prepared
soigner to take care of; se soigner to take care of oneself
le soin care; prendre soin (de) to take care (of)
le soir evening
la soirée evening
le soleil sun
la somme sum, amount
le son sound
la sorte: de sorte que so that
la sortie departure
le sortilège witchcraft
sortir to emerge, go out, leave
soudain sudden
soudainement suddenly
souffler to extinguish, put out
souffrir to suffer
soupirer to sigh
le sourcil eyebrow
le sourire smile
sous under; sous la pluie in the rain
se souvenir to remember, recall
souvent often
spécialement especially
spontanément spontaneously
Strasbourg capital city of Alsace, in northeast France
le successeur successor
le sucre sugar
le sucrier sugarbowl
le sud-ouest southwest
la sueur sweat
suffire to suffice, be enough
la suite series; par la suite subsequently; tout de suite at once

suivant following
suivre to follow
le sujet subject
superstitieux, superstitieuse superstitious
sûr sure; bien sûr of course
sûrement surely
surgir to arise
surprenant surprising
surprendre to surprise
surpris surprised
le sursaut jump, start; s'éveiller en sursaut to awake with a start
surtout above all, especially, primarily

T

la tableau board
tâcher to try (to)
tailler to tailor, make (a garment)
se taire to be quiet, silent
tandis (que) while
tant (de) so much, so many; tant mieux so much the better; tant pis too bad, never mind
la tante aunt
tard late; plus tard later
la tasse cup
le taureau bull
la Tchécoslovaquie Czechoslovakia
la teinte color
tel, telle such
tellement so (very), very, extremely
le temps time, season, era, period; un long bout de temps a long time; quel temps fait-il? what's the weather like?
tendrement tenderly
la tentation temptation
se terminer to come to an end
la terre earth, ground, land
le testament last will
la tête head; faire oui de la tête to nod; secouer la tête to shake one's head
tiède warm
tiens: tiens exclam.: well, well

le **tiraillement** pulling
tirer to take out, pull, stick out (tongue)
la **toilette: faire la toilette de la maison** to clean the house
tomber to fall
le **ton** tone
le **tonneau** barrel
tôt early; **au plus tôt** at the earliest
toucher to touch
Toulouse commercial and industrial center in the south of France
le **tour** turn; **à son tour** in turn; **à tour de rôle** in turn; **jouer un tour** to play a joke; **jouer un mauvais tour** to trick
tourner to turn; to stir
la **tournure** turn
tousser to cough
tout *adj.* all; *adv.* very; **toutes les deux heures** every two hours; **à toutes jambes** as fast as possible; **tout le monde** everyone; **tout à coup** suddenly; **tout comme** just as; **tout de même** all the same, nevertheless; **tout de suite** at once
tracer to draw
traduit translated
le **train** train; **être en train de manger** to be eating; **traîner** to drag out
le **traitement** treatment
traiter to discuss, take up
le **traître** traitor
tranquille quiet
tranquillement quietly
le **transport** outburst of joy
transposer to transpose
le **travail** work
travailler to work
travers: à travers through
tremper to dip
tricolore blue, white and red (colors of the French flag)
triomphant triumphant
triste sad
tristement sadly
tromper to trick, deceive

trop too much
trouver to find; to consider; **se trouver** to be located
tu: past participle of **taire** to be silent
tuer to kill

U

usé worn
l'**usine** *f.* factory

V

les **vacances** *m. pl.* vacation
la **vache** cow
le **valet** farm worker
la **vallée** valley
valoir to be worth; **valoir mieux** to be better
vaquer to attend (to)
le **veau** calf
vécu: past participle of **vivre** to live
la **veille** the day before; l'**avant-veille** two days before
vendre to sell
venir to come; **venir de** to have just
le **ventre** stomach; **manger à ventre déboutonné** to overeat, overstuff oneself
la **vérité** truth
le **verre** glass
le **vers** verse, line
vers toward; **donner vers** to lean toward
les **vêtements** *m. pl.* clothing, clothes
vêtu: past participle of **vêtir** to dress
se **vexer** to get angry
la **viande** meat
la **vie** life; **vie en commun** life together
le **vieillard** old man
la **vieillesse** old age
vieux, vieil, vieille old; **mon vieux** my friend

la **ville** city
le **vin** wine
violemment violently
le **visage** face; **son visage se ferma**
　her face froze
vis-à-vis toward
vite quickly
la **vitesse** speed
le **vitre** windowpane
vivant living
vivement strongly
voir to see; **voyons** come, come
voisin neighboring
le **voisin** neighbor
la **voisine** neighbor
la **voiture** car
la **voix** voice; **crier à haute voix** to
　shout
le **vol** flight
voler to steal
le **volet** shutter
la **volonté** will
vouloir to wish, want; **vouloir dire**
　to mean; **que me voulez-vous?**
　what do you want from me?
le **voyage** trip

voyager to travel
le **voyageur** traveler
voyant: present participle of **voir**
　to see
vrai true; **à vrai dire** to tell the
　truth
vraiment really
vraisemblable probable

W

le **wagon** car of a train; **wagon-lit**
　sleeping car; **wagon-restaurant**
　dining car

Y

les **yeux** *m. pl.* eyes

Z

le **zombi** zombie